等你在清华

等你在清华

宋厘堃 编著

中国出版集团　现代出版社

图书在版编目（ＣＩＰ）数据

等你在清华 / 宋犀堃编著 . -- 北京 : 现代出版社，
2022.2

ISBN 978-7-5143-9719-2

Ⅰ . ①等… Ⅱ . ①宋… Ⅲ . ①中学生－学习方法
Ⅳ . ① G632.46

中国版本图书馆 CIP 数据核字 (2022) 第 028577 号

等你在清华

作　　者	宋犀堃
责任编辑	姜　军
出版发行	现代出版社
地　　址	北京市安定门外安华里 504 号
邮政编码	100011
电　　话	010-64267325　64245264（传真）
网　　址	www.1980xd.com
电子邮箱	xiandai@vip.sina.com
印　　刷	三河市众誉天成印务有限公司
开　　本	880mm×1270mm　1/32
印　　张	6
字　　数	136 千字
版　　次	2022 年 2 月第 1 版　2022 年 3 月第 1 次印刷
书　　号	978-7-5143-9719-2
定　　价	26.80 元

前言

清华大学作为中国乃至世界著名高等学府之一，从这里走出了多位国家领导人，14位"两弹一星"获得者，600余位中科院院士，王国维、梁启超、陈寅恪、赵元任等学术巨匠也曾在此执教，被誉为"红色工程师的摇篮"。

莘莘学子都以能进入清华大学学习为荣。不过，作为位列国家"双一流"A类、"985工程""211工程"的全国重点大学，对考试成绩和综合素质的要求自然非常高。很多学生虽然梦想能考上清华大学，虽然也在非常努力地学习，但面对激烈的竞争，往往会有畏难情绪，担心自己的学习成绩不佳，从而只能将这个梦想藏在内心深处。

其实，有的学生学习很努力，却没有达到理想的效果；而有的学生很轻松地学习，却取得很好的成绩，这是因为前者没有掌握科学有效的学习方法。

英国诗人柯勒律治曾将学习者分为四类：第一类人好比计时的沙漏，他们学习就像在注入沙子，注进去又漏出来，到头来一点痕迹也没有留下；第二类人像海绵，他们什么都吸收，挤一挤流出来的东西却原封不变；第三类人像滤豆浆的布袋，他们让豆浆都流走了，留下来的只是豆渣；第四类人像宝石矿床里的矿工，他们把矿渣甩在一旁，只要纯净的宝石。这四类学习者成败的原因，就在于方法的不同。未来学家阿尔温·托夫勒，早在20世纪就曾经预言："21世纪的文盲，不是那些没有知识的人，而是那些不会学习的人。"

学习之所以令一些学生望而生畏、感到厌烦，就是因为他们忽视了学习的技术和方法，只知道一味地埋头苦学。不掌握要领，盲目地驾驶，就会出事故。学习也一样，不掌握技术和方法，不仅达不到理想的效果，而且是在浪费时间、金钱和精力。

本书从中学生的时间管理、记忆、阅读、注意力、思维力、学习态度等入手，系统介绍了中学生在学习中如何高效地统筹管理时间、如何提高记忆效率、如何掌握高效的学习方法。书中不仅有方法介绍，还有考入清华等重点大学的优秀学生的学习心得与经验，同时每个学习方法后还附有简短的学习锦囊，能够帮助中学生快速掌握书中所介绍的方法。

相信一旦掌握了正确的学习方法，再加上自身的勤奋努力，考上清华大学将不再只是梦想！

目录

CONTENTS

第六章　提前学习：养成课前预习的习惯

第七章　温故知新：养成及时复习的习惯

第八章　勤学多练：养成正确做题的习惯

第九章　学会合作：养成共同学习的习惯

第十章　激发动力：养成热爱学习的习惯

第一章

掌控时间：养成高效学习的习惯

　　进入中学以后，学习科目忽然增加，学习难度也明显增大，这就对中学生的学习效率提出了更高的要求。对于中学生来说，每一分钟都非常宝贵，如何提高学习效率，就成了决定学习成绩的关键。要想提高学习效率，关键在于养成良好的学习习惯，尤其是初中阶段，更是良好学习习惯的关键养成期。如果不引起重视，等到了高中阶段，就会感觉学习越来越吃力。因此，只有养成高效管理时间、合理利用时间、杜绝浪费时间等良好的学习习惯，才能更充分地利用时间，真正提高学习效率。

高效率来自好习惯

要想提高学习效率，首先就要养成珍惜时间的好习惯。

学霸支招

（何天）

我觉得我的一个好习惯就是平时做事高效率，不能拖。今天的事情今天要做完，而且做什么事都要专心，如果做事不专心，那么事情就会既做不好又耽误时间，还会影响后边的事。因为我学习比较忙，平时还要练钢琴、学游泳，因此我必须高效率才能够完成任务。

以前母亲也督促我抓紧时间，让我抓紧时间做完我该做的事就可以放心去玩，一般这对小孩子是一种奖励，快些做完事就去玩这是一种很简单的目的，慢慢地我就形成习惯了。还有就是做一件事要不就不做，要做就做好它，这也是我平时的一种习惯，我一旦决定做一件事，就会全身心地投入，不会有其他顾虑。

上小学时，同学们习惯于等着老师布置任务，老师让做什么就做什么，自己还不会提出学习任务。这种状态，完全不符合中学的学习要求。作为中学生，面对那么多的课程、那么多的内容，要学会自己主动确定学习任务，这样才会跟上班，才能提高效率。效率问题的核心，是单位时间所做功的数量和质量。要分秒必争，提高效率，就要善于随时向自己提出任务，培养"不达目的誓不罢休"的拼搏精神。

例如，学习英语主要靠实践，要多读、多听、多说、多译。课堂上时间有限，中学班级人数又多，不可能每人每堂课都有公开实践的机会，那怎么办呢？可以"见缝插针，自提任务"。在老师读、讲、说的时候，自己可以默默地跟着读，模仿老师的语音和语调；当别的同学回答问题时，自己也默默地答。这样，就增加了动口的机会，充分利用了每一秒钟。再如，老师板书单词、句式时，自己可以利用这几十秒钟的时间练习拼读和书写；老师对"主语"提问，自己便可以问："如果对'谓语''状语''宾语''定语'又怎么提问呢？"只要有分秒必争的精神，随时随地都有实践的机会。

高效锦囊

一旦要学习，就要把全部精力放在学习上，要不断暗示自己马上投入，不能拖拖拉拉，不能拖泥带水，不能心有杂念，要防止和避免别人干扰自己。

珍惜时间，杜绝浪费

在大部分学霸身上，我们能发现他们具有一个共同点：重视时间！因此，同学们要培养"学习时间不可侵犯"的意识，杜绝时间浪费。

学霸支招

（周雯雯）

从小到大，我一直是个乖孩子，非常懂得珍惜时间。小时候每天放学回家，我一定先把作业做完才看电视。在学习中，我养成了每天及时复习巩固当天学过的知识、决不欠账的好习惯。每天放学回家，我都要先想一想白天在学校学了什么。如果学了数学，我一定要做这一部分的习题来熟练它。如果是史、地、政，就一定要及时理解并记住。有时候面对这么多功课，真想推到明天再做。可是明天还有明天的学习，千万不可"明日复明日"，要知道"明日何其多"，唯有养成"今日事今日毕"的学习习惯，一日复一日地积累，才能取得好成绩，实现梦想。

同学们要杜绝时间浪费现象，首先就要找出浪费时间的根源，并逐一加以消灭。四川成都的一位家长，就是这样帮助自己的女儿的。

这位家长是做企业管理工作的，他的女儿面临高考，学习很努力，但成绩却一般。为此这位家长很着急，也想了不少方法，但并不见效，后来他忽然想到，为什么不用自己的专业知识去帮助女儿呢？

那么，从企业管理的角度，如何对女儿的时间进行管理呢？家长先将女儿在家里的活动都仔细记录下来，如起床用了多少分钟，吃饭用了多少分钟，上学用了多少分钟等，结果发现大有潜力可挖。比如说他发现女儿每天花在等公交车上的时间约为一刻钟（早、晚各七八分钟），于是便给有关的车队打电话询问情况，车队详细告知了他发车时间和发车规律，结果一下就为女儿挤出了10分钟。这样一项一项地对时间进行管理，一天居然能挤出45分钟的时间，这差不多是一节课的时间啊！对一个高三学生来说，一天能多学一节课，这是多么难得啊。

女儿在家长的指点和帮助下，时间安排合理了，学习效率提高了，最后如愿以偿地考入了理想中的大学。

高效锦囊

看一看自己一天之中有哪些时间是有潜力可挖的？有多少时间是在做无用功？这样一项一项地量化、细化，我们也一定能每天挤出一节课甚至更多的时间。

充分利用零碎时间

对于中学生来说，每一分每一秒都非常重要。不要认为那些零碎的时间没什么用处，其实这些时间看似很少，但集腋成裘，几分几秒的时间，看起来微不足道，但集中在一起就大有可为。

学霸支招

（苏璇）

　　其实，在日常生活中，只要你稍微注意一下，就会发现不少的零碎时间可以利用。如上学路上、等车的时候、饭前饭后等。利用零碎时间，要巧妙、得当。比如，等车时间，我用来背公式和英文单词；上学路上，回忆学过的古诗文；饭后散步，可用来观察事物，思考问题；早自习之前，拿出书看看；入睡前躺在床上，可以回忆、复习当天的学习内容；等等。这样积累下来，我的学习时间自然就比别人多了。

利用零碎时间，关键是要巧妙、得当。下面是有效利用零碎时间的一些技巧。

1. 嵌入式技巧

嵌入式即在空余的零碎时间里加进充实的内容。人们由一种活动转为另一种活动时，中间会留下一小段空白地带，如饭前饭后、等车时间、找人谈话等候时间等。对这些时间可以充分利用，根据时间的长短来安排学习内容。

2. 并列式技巧

并列式即在某项松散活动进行期间，同时开展另一项活动。例如等人的时间，可用来背公式、记单词；散步时可同时观察事物，提高作文水平；在乘车回家时可以回忆当天的学习内容；等等。

3. 压缩式技巧

压缩式即把零星时间压缩到最低限度，使其尽快结束从而将时间转入学习当中去，免去很长的过渡时间。例如将起床后的洗漱时间进行合理的压缩，从而能尽快进入晨读。

高效锦囊

有些时间的浪费往往是不经意的，这儿浪费2分钟，那儿浪费3分钟，但加起来往往就不是一个小数目了。

有规律地利用时间

有规律地学习，是增强学习效果、提高学习效率的好办法。

学霸支招

（李欣芋）

按照遗忘规律来讲，是先快后慢，越往前遗忘的越多越快，所以学过的内容应及时复习，可有些同学就老是先玩后复习，或攒到一起再复习，严重的甚至干脆仅做作业而不进行复习。大脑的工作也有个时间限度，用久了就会产生疲劳，如果不适当休息，那不但不会学好知识，甚至会影响已学过的知识。有些同学由于未依照大脑的记忆特点来安排时间，学什么总没有个固定时间，就说数学作业吧，今天早上做，明天自习做，后天也许就晚上贪黑做，类似的学习内容没有固定时间，都是学习盲目的表现，结果大大地降低了学习效率。

很多同学时间看似用了不少，但没什么实质的效果。这其中最大的问题就是他们没有形成固定的学习规律。要形成固定的学习规律，具体到每个阶段学什么，也是非常有讲究的。李欣芋同学介绍了她的经验。

1.早晨头脑清醒适于记忆，所以每天早晨我都背一些英语课文或名家名段；但我从不利用早晨的时间写理化科目的作业。

2.中午午休后一般是写作业。由于我是班长，成绩比较好，所以有不少同学喜欢和我讨论问题。我利用中午时间写作业，这样可以做到心中有数，更好地为别人解答。

3.自习课和晚自习一般是做一些练习题。我始终坚信"熟能生巧"，因此，做练习是我每天最愿意干的事。

4.晚上回家通常是带一些英语语法之类的资料，分专题读一些，如虚拟语气、连词等。

在时间安排上一旦形成了固定的规律，到时间就起床，到时间就睡觉，该学习时就安心学习，到了锻炼时间就自觉去锻炼，学习生活就会达到自动进行的境界。

高效锦囊

学习有规律的学生，已经把学习纳入了科学的轨道，什么时间学什么、怎么学都是固定的，凡事都有条不紊。

建立自己的生物钟

培养规律的学习习惯、提高学习效率，关键是建立自己的生物钟，保证白天有精神，晚上有精力。

学霸支招

（曹枫）

我以前初一时也总是爱睡懒觉，一到周末总是10点多了才起床，相应地晚上也是过了12点才睡觉。久而久之，每天早上第一二节课我总是会打瞌睡，而学校里早上的课总是最重要的，时间长了，损失非常大。一到晚上，我总是特别兴奋，睡不着觉，第二天早上就会更困。这样的恶性循环，对身体和学业的损害都非常大。

在这里，建议同学们每天都要午睡，即便是小睡几分钟，也对下午和晚上的课及复习有帮助。下午回来之后，一定要运动运动，因为紧张学习了一天，已经很疲劳了，如果在这个时候不运动运动，会严重影响晚上的学习效率，还可以看看电视，看一些轻松的娱乐节目或是听听歌，放松放松自己。在曹枫同学看来，生物钟对人的精神状态有着深刻的影响，一个习惯晚睡晚起的人在上早课时必定效率不高。

他说："上了初二，我决定改变这一作息习惯。在假期里，我强迫自己早上7点钟准时起床，白天无论多困都强忍着不去睡觉，晚上11点钟准时睡觉，即使非常清醒也要静下心来躺在床上。一个假期下来，我的作息时间就变得非常规律了。这对我学习的帮助非常大。养成这样的习惯之后，我可以保证一天的在校学习都精力充沛，而众所周知，专心听讲是学习中最重要也是最有效的环节。因此我学习起来就事半功倍了，而且我的身体状况也有所好转。调整好生物钟确实对身心都大有好处。"

高效锦囊

要提高学习效率，除了保证充分的休息以外，还必须通过一段时间的实践，寻找出自己大脑活动的规律。要弄清楚什么时候记忆力最好，什么时候逻辑思维最活跃，自己擅长形象思维还是抽象思维，然后安排自己学习各学科的时间。

在固定的时间学习固定的科目

如果在固定的时间学习固定的科目，每当打开书本，大脑的有关部位就会不由自主地兴奋起来，有助于取得更好的学习效果。

学霸支招

（邓靖文）

　　真正令人心惊的初三生活是从那些铺天盖地的卷子开始的。如何安排时间完成这些卷子成了首要问题，原有的时间安排受到冲击。所以我下定决心改变原有的学习方法，把每一科的学习都安排在每天固定的时间里，到什么时间做什么题，什么时候看什么书都安排得井井有条。不管发下多少试卷，我只按自己的时间安排来做，绝不会为了完成某一科的卷子而耽误了另一科的学习。

　　与邓靖文同学一样，宋安安同学也是如此做的，她给自己定下规矩，给每科安排好固定的时间，例如早上15分钟读英语，课外活动时间做一道英语阅读题，晚上用一段时间钻研数学。睡眠、休息也有详细安排，学习和生活都有条不紊地进行。

　　肖梦君同学采取的办法则是各门课程交错学习。她说："任何一门课程我一般不会连续学习超过两个小时，有时候甚至刚拿起一本书却发现自己对它毫无兴趣，于是我就会赶紧换一本更加有吸引力的书，我认为这样学习确实能在一定程度上尽量延长学习时间，而且可以平衡各门课程。"

肖梦君同学的这个方法是正确而有效的。脑体结合、文理交替，这是学习时间安排上的一个基本准则。"心之官则思"，思维要靠大脑，学习是个艰苦劳动的过程，要使大脑神经细胞正常工作，必须保证脑细胞的新陈代谢，所以在时间安排上，不要长时间地从事单一的活动，而是应该像学校的课时安排一样，学习一段时间便安排一些休息间隙；比较长时间学习之后，应当去锻炼或娱乐一会儿，然后再回来学习。对学习科目的安排，要注意文理科交替，相近的学习内容不要集中在一起学习。同时，要掌握自己的生物节律，协调好学习和娱乐活动时间，应根据自己一天的智力活动节律合理地设计与安排。只有这样，才能大大提高学习的效率。

高效锦囊

一般而言，一天学2科或3科为宜。一天只学一科容易疲劳和感到枯燥。每天学更多的科目则会使每科的学习时间过于零散，不利于学习的连贯性和系统性。

争分夺秒，学会自我学习

对那些学有余力的同学来说，要学会自我学习，不要被老师牵着鼻子走。

学霸支招

（潘丽丽）

老师是在给至少50名学生授课，而不是专门为你量体裁衣，所以老师讲的内容肯定不是完全适合于你的。我在初三的数学课上就遇到这个问题：那时我是班里的数学课代表，数学成绩高出全班平均水平一大截。数学老师是根据大家的平均水平讲课的，所以他上课讲的很多题目对我来说一点难度也没有。如果在这种情况下他说什么我照听不误，岂不是既浪费时间又妨碍自己水平的提高？于是我上课时要是觉得老师讲的东西太简单，就自己做其他题目去了，下课马上去找老师解决上课时没有弄懂的难题。这样做一举两得：既能有效利用上课时间，又能提高自己的水平，何乐而不为？

也就是说，在有余力的情况下，要鼓励自己敢于抛开老师自学。潘丽丽同学专门总结了一个自学的三部曲，非常值得同学们借鉴。

1.先将课本上的知识点整理出来，当然，这是在预习课本的基础上进行的，找出重点及难点，对课本上的概念、定理、定律仔细琢磨分析，找出其成立所需的条件，它的意义亦即用途，可以解决哪些相关的题目，这些都要结合一定的习题来训练。

2.将自己不懂的问题记下来，拿去跟老师讲的对照，检查自己思维的严密性。

3.将老师的解答经过归纳后记录下来，但不必老师讲的每一句话、每一个字都记，只记那些自己思路不清的地方就可以了。

高效锦囊

完全不听老师的当然不对，但在自己有能力自学时还被老师牵着鼻子走，那大好的时间就真的浪费掉了。

自习的时间安排很重要

对于中学生来说，下午除了正课还会有一些自习，有的学校还会安排晚自习，这是一天中最集中的自由学习时间，一定要合理安排好。

学霸支招

（柳嘉强）

初三时，除去课堂学习时间，我们每天早晚各有一个半小时可以自由利用。如果以一个半小时为一个复习时间单位的话，每月我就有约60个这样的时间单位。我在安排每月的学习时，通常这样支配它们：语文11个，数学9个，英语9个，物理9个，化学9个，政治2个，地理2个，历史2个，生物2个，机动5个。基本做到了立足全局，兼顾各科。

对于中学生来说，自习的时间非常关键，利用得好，就能对学习起到很大的帮助作用；利用得不好，就只能是白白地浪费时间了。

每天的自习时间，要把今天所学的知识复习巩固，把发现的问题当天弄清楚。还要把做过的作业或者讲义整理一遍，主要整理三类题目。

1.做错的题目。记录你做错的原因及正确的解答，以免你犯同样的错误。

2.新的题目。即以前你从没见过的题目，多整理这样的题目能增强你遇到新题时的信心，还能锻炼思维。

3.有新方法的题目。当老师或同学使用一种你没想到而又非常巧妙的方法解答一道题时，你应该记下这道题和方法，通过课后自习的独立思考真正理解这种做法的思维方式，消化吸收变成你自己的知识储备。能掌握方法而不是具体题目的人才能真正自主地学习。

高效锦囊

自习之前大概订一个计划，复习哪一科，准备看多长时间，做哪些练习等，如果基础不太好的话就以结合老师的进度为主，如果自学能力比较强，精力允许的话，也可以自己再另订一套计划。

学习的关键在效率

学习的关键并不是看你用了多少时间，而是你在这段时间里取得了多少收获。

学霸支招

(郑海华)

时间≠效率，有人一天看一页，也有人一小时看十页；数量≠质量，做错两道题不如做对一道题。所以说，衡量你的学习效果如何，不是看你坐在书桌前的时间有多长，也不是看你做过的练习册有多厚。

我初中时从未参加过任何补课班，每天的睡眠时间一定保持在9个小时以上，中考前半个月也照常看小说、玩电脑。或许我连着一个月没碰课本，或许我一上课捧着小说读得哈哈大笑；但是一旦决定要学习，我就会忘了主人公叫什么，也听不到同学在聊天，我可以在一天内做完一本数学练习册。绝对做到心无旁骛，舍此无他。

学习时，是否进入学习状态决定着学习效率的高低和学习效果的好坏。在学习过程中，一定要保持心情愉快、精力充沛、头脑清醒、精神集中，这样才能有最高的学习效率，事半功倍。一位教师说："每人每天都是24小时，但有些同学学习一小时就能收到两小时的效果，不要羡慕他们，只要进入了学习状态，你一样可以做到。"

此外，在学习中，大量的重复劳动是低效率的表现。一位中学生说："以前，我常常有这样的经历：做完一本练习册后，总觉得里面有的题自己还没有掌握，但又不记得是什么题。犹豫了很久之后，只能再从头做做看，结果做了大量的重复劳动，效果也不明显。后来我想到，不如把第一次做时做错或不会的题记下来，整理到一个本子上，这样以后复习时就可以只看本子上的题，节省了大量的时间和精力，还能够更有针对性。"

高效锦囊

学习效率高的同学很少搞"重复建设"，的确已掌握了的题，就不再做了，去做不会做的。而学习效率低的同学，老是搞"重复建设"，已做过的题过几天又做一遍，看似很忙，看似用功，其实做的都是无用功。

中学生学习时间计划表

时间	星期	一	二	三	四	五	六	日
上午	~	起床、吃早餐						
	~	背诵						
	~	在学校上课时间					完成作业	自由时间（包括课外学习及户外活动）
中午	~	吃午餐						
	~	午休（如有作业，抓紧完成）						
下午	~	在学校上课时间					完成作业	归纳整理、总结，查漏补缺
晚上	~	完成各科错题集						
	~	吃晚饭						
	19:10~19:30	夏天洗澡，冬季适量运动（或吃一点水果、听一些柔和音乐等）						
	19:30~21:30	1.完成作业 2.有疑问，做记号，先钻研，后请教，实在不会记上错题集就是妙					完成作业	温习、预习
	21:30~22:00	温习、预习						
	22:10	准时睡觉						

第二章

专心致志：养成专注学习的习惯

　　著名教育家蒙台梭利曾说："最好的学习方法就是让学生聚精会神学习的方法。"在她看来，在学习时是否具有专注的态度比知识本身还重要。因此，初中生在学习中需要有专注精神，需要不断提高自己的注意力，上课时要集中精力听讲，看书时要聚精会神，做作业时要专心致志。这是学习成绩优异最根本的保证。有的学生天资聪明，智商很高，但学习效果却很差，很重要的原因之一就是缺乏这种专注力。

"专心"是制胜的绝招

每当一些优等生说起自己的"成功秘籍"时，他们总会不约而同地提到"专心"这两个字。

学霸支招

（潘禹尧）

我是一名"懒学生"，从不会自己给自己"加料"，也不搞题海战术，更不参加各种各样的兴趣班。因为"懒"，所以我追求学习效率。上课时，无论老师讲授的知识点是否掌握，我都会非常专注地听讲，一上课，就用眼睛死死地盯着老师……自学时更是如此，对老师布置的作业，我都会认真完成，遇到难题绝不放弃，先和同学研究，实在不行，再向老师"求救"。对于每个知识点，我都是用心去理解，还要多问几个为什么，直到完全掌握知识。

有的学生总是说，我干什么都不能全神贯注，老容易走神，是不是不可救药啦？其实，集中注意力的能力是可以提高的，而且有各种各样的方法可供选择。

要想做到全神贯注，在情绪上首先要做好准备。在学习之前先把思想集中起来，考虑一下将要学习的内容。例如，你可以在开始听老师讲课之前先花十分钟坐下好好看一看这节课将要学习的内容。这样的心理准备应该作为仪式保留下来，即使你离开学校以后，也要坚持这样做。

全神贯注与休息是密不可分的，就像觉醒与睡眠的关系。越是需要集中注意力，就越是需要休息。精神与体力必须能够得到恢复，休息是为了更好地集中我们的精力。休息时你可以放松自己，在敞开的窗前深呼吸以便为大脑重新输入氧气，让眼睛休息休息，吃些零食，听一段音乐或是散散步。

高效锦囊

有些同学错误地将时间与效果画上等号，一味地打时间仗，效果并不佳。一定要记住，三心二意二天不如一心一意地干一小时。

使注意力高度集中、持续稳定

在学习中需要有专注精神，需要不断提高自己的注意力，这是高效学习最根本的保证。

学霸支招

（朱珏衡）

> 我刚上中学的时候，上课时很难集中注意力，后来在杂志上学到了一个方法：每天专心听时钟的滴答声，第一天10次，第二天15次，第三天20次，逐次增多，每次都十分专注地聆听，半个月后，我便养成了专心专意的习惯。

注意力不集中、不稳定是每一个学生身上都存在的现象，同时也是多数学生所渴求解决的难题。在学习中，有些学生尽管做了很大的努力，注意力却老是集中不起来。很多同学读书学习时经常分心走神，看了半天书脑子里仍是一片空白；课堂听讲时人在心不在，一堂课下来不知老师讲的是什么。注意力不集中、不稳定，会影响学习效果，降低学习效率。那么，怎样才能使注意力高度集中、持续稳定呢？

瑞士科学家设计的一套仅用1～2分钟就可以完成的"视觉和听觉配合训练"，对集中、稳定注意力十分有效。具体操作方法如下。

闭目凝神，想象在空中描绘一个点。此刻心中唯存此点，而并无任何响声出现。慢慢将此点延伸为一直线，再随时间拉长，然后描绘出较为复杂的星形或涡形，并且每天将图表复杂化。应特别注意的是，在凝想时，尽量避免受到外在声音的干扰。持之以恒，视觉和听觉就能配合自如，而注意力集中程度也将大为提高。

高效锦囊

充足的睡眠可以让你的大脑充满活力，更容易集中精神付诸学习。尽量利用白天的时间来学习，提高单位时间的效率，不要贪黑熬夜。

避免对学习产生厌倦心理

在学习中，如果产生了厌倦心理，就会无法把精力都集中在学习上，看似在学习，但效果却不佳。

学霸支招

（王冰）

我是一个非常要强的学生。刚上初中时，为了取得好成绩，我花费了大量时间，晚上往往学习到深夜。我相信功夫不负有心人。可是，这样持续一段时间后，成绩并没有提高，相反，身体却日渐疲劳，对学习产生了一种厌倦心理。后来，我开始有意识地调整自己的作息时间，特别是注意集中精力。上课时我全神贯注地听讲，看书时聚精会神地读书，玩的时候则尽情地玩。结果，我花在学习上的时间少了，成绩却不断提高。

确实如此，紧张的学习对人的体力、精力都是很大的考验。越是这样，我们越要注意保持充沛的体力和旺盛的精力，切忌"疲劳战"，与其坐在书桌前伏案学习8个小时却都昏头昏脑、注意力不集中，还不如拿出3个小时打打球、听听歌、下下棋，但坐在书桌前的每一分钟都是全神贯注的。这3个小时不是白白的"浪费"，它所带来的效果可能是连你自己都会惊讶的。

　　研究表明，学生在一天或一周内的不同时间里的学习效率和疲劳情况是有差异的。如上午的二、三节课为效率最高时期，而第四节课为疲劳显著时期；一周中的周二、三、四为最佳学习日，周一和周五、周六为思想容易涣散、情绪波动的时期。

　　因此，要注意各科学习时间的排列和搭配，做到文理相同、抽象性为主的学科和形象性为主的学科交替、脑力活动与体力活动交替、内容多的与内容少的学科交替，使神经活动得到调节，减轻大脑的疲劳程度。

∽ 高效锦囊 ∽

　　无法集中精神时，可以先做一些简单的事情，借此来消除杂念，稳定情绪，从而集中注意力。

及时转移注意力

注意力转移在某些情况下能够起很大的作用。当一个人的情绪极度低落时，可以把注意力从引起不良情绪的事情转移到其他事情上，这样可以使人从消极情绪中解脱出来，从而激发积极愉快的情绪反应。

学霸支招

（张益宁）

我的学习之路并非一帆风顺，在离中考只有一个多月时，基本上没有出过年级前10名的我，突然考了20多名，心理上出现了很大波动。我焦急地找到班主任和年级主任不停地唠叨"老师我不行了"。我还加班加点每天复习到深夜，却没有收到好的效果。经过老师和家长多方努力，我的注意力才从上一次的失败中转换过来，心态恢复平和，逐渐回到以前的学习轨迹中，成绩也有了起色。

通过这件事，我建议低年级的学弟学妹，在学习出现波动时千万不要焦躁，更不能盲目延长学习时间，及时转换注意力、调整好心态向课堂要效率才是根本。

除了在情绪上要转换注意力，在学习中还要能够从一个对象转到另一个对象上。比如，在上了英语课以后，接着上语文课，具有良好注意力的同学，就会主动迅速地把注意力转移到语文课上来。而有的同学则会发生不完全的转移，已经开始上语文课了，心里还想着外语老师布置的作业。

因此，在学习活动中，注意力转移和分配是同等重要的。注意力的转移就是根据任务的变化，及时把注意力转向新的目标。例如，一个人正在阅读一本妙趣横生的小说，这时需要他去解决另一个十分重要的问题，他便马上抛开看得兴趣正浓的小说，去思考新的问题，这就是主动转移注意力的表现。

停下来积极地休息一会儿，也是注意力转移的方式之一。比如起来活动一下手脚，如果方便可以跳一跳，做做体操，洗洗脸，因为运动可以休息大脑，减轻疲劳。一般不要消极地躺着，也不要去看电视、听音乐或看卡通画，那样可能会消磨意志力，或是遇到意想不到的干扰，使自己乐不思蜀。

高效锦囊

平时因学习疲劳或困难引起学习烦躁时，不妨换一换学习科目，文理交叉会更好。在情绪不好时，先学自己感兴趣、成绩好、能力强的学科，这样进入学习状态要快得多。

警惕干扰注意力的因素

一个人的注意力能否集中、稳定，与其抗干扰能力的强弱有直接关系。

学霸支招

（向晓玲）

你也许有过这种体验，当你在教室里静静地看书的时候，有人在附近讲悄悄话，你就会看不下去了；然而在火车上，虽然有火车的隆隆声，你却能集中精力看书。可见，周围声音的高低、强弱对注意力集中的妨碍并不成正比，疾病、疲劳、外界声响图像、个人的无关思考和不良情绪等，都是注意力的干扰因素。

要培养自己良好的注意力，还必须学会用意志和毅力去排除干扰，通过加强训练提高抗干扰能力。可以试着采用以下办法。

1. 自我提示

找几张卡片，在上面写上"专心听课""不准走神"或"少壮不努力，老大徒伤悲"之类的句子，然后把它们放在平时学习时容易看到的地方，如铅笔盒里、书桌前或课本里。这样，无论上课听讲还是回家写作业时，只要一见到它们，便会提醒自己：专心，别走神啊！

2. 自我记录

准备一个小本子，专门记录走神内容。比如在上数学课时想起了昨天的球赛，那么便在本子上作记录："数学课—足球赛——约5分钟。"这样记录上几天后，你再从头到尾认真地看一遍那些分散你注意力的内容，然后下决心不再想那些无聊的事情了。过不了多久，本子上的内容就会越来越少，你也就越来越专心了。

3. 自我奖惩

在每次做作业或复习功课之前，先给自己订个时间表：从几点几分到几点几分要完成哪些内容。如果在规定时间内完成了学习任务，且自始至终专心致志，那么就可以奖励自己一下，如看一会儿电视或玩几分钟。如果结果相反，那么，则要毫不留情地惩罚自己一下，如做家务或跑楼梯。这样坚持下去，就会使自己养成良好的学习习惯。

高效锦囊

要使自己的注意力集中、稳定，选择的学习场所要固定。在固定的场所学习，容易定下心来。你一旦坐在自己的书桌旁，就很容易产生和学习有关的意识。

抵制诱惑，培养自制力

萧伯纳说："自我控制是强者的本能。"如果你想成为学习上的强者，那么你就得学会自我控制，坚决抵制各种不良诱惑。

学霸支招

（李冉）

我们这一代的学生大都物质条件优越，身边充满了各种各样吸引我们的东西，特别是网络游戏，对大多数学生都充满了诱惑。如果我们不能正确地处理学习和玩耍的关系，必然严重影响学习。

当然，我们面对的诱惑有强有弱，有的对于我们来说本来并不算是诱惑。当你走进网吧时，努力使自己退出来，你的自制力便增强了一分；当同学让你一起打球而你有安排时，果断地拒绝，你的自制力又增强了一分。久而久之，虽然会有痛苦、反复，但你的自制力已在不知不觉中养成了。

自制力是我们在学习中取得成就的必要条件。缺乏自制力的人往往无法取得预期的成功。俄国伟大的文学家车尔尼雪夫斯基说过："一个具有崇高德行的人，能够把吸引他的一切多样的憧憬克服了，使之服从他的主要憧憬。不错，为了这，他必须常常同自己斗争。"李冉同学在高中学习期间，为了在学习上取得突出的成绩，放弃了很多娱乐和消遣，也适当控制了自己的业余兴趣，把几乎全部的时间和精力都放在了学习上。正是把"一切多样的憧憬克服了，使之服从他的主要憧憬"，他才最终实现了考取自己理想大学的梦想。

不管是对我们现在的学习，还是对今后的工作和生活，自制力都起着非常重要的作用，自制力越差，成功的可能性就越小。所以，我们必须增强自己的自制力，那么怎样培养和增强自己的自制力呢？

那就是必须着眼于今天。不管什么事情，今天应该完成的，今天就一定要努力去完成，需要改正的，今天一定要改正。只有这样，每一天都控制着自己，我们的自制力才会一天天地增强，才会保障我们的学习能够顺利地向着好的方面发展。

高效锦囊

提高自己的控制力，抵制各种诱惑，就应该从日常的行为习惯着手，从一件件小事做起。你可以给自己制定一些行为规范，采用量化的方式来自我评估。比如贪玩的同学可以给自己规定放学后一个小时用于学习，然后才可以出去玩，等等。

坚持是最重要的学习态度

在学习中，谈不上有什么捷径可走。在看准了目标和方向以后，必须以坚韧不拔的意志紧追不舍。

学霸支招

（啜玉林）

如果说应试教育对于学生成长有好处的话，那么培养学生踏实做事的毅力就是最大的好处。学习的毅力表现在遇到挫折不服输，遇到困难不低头，能够通过自己的努力克服自己学习的薄弱环节，简单来说，就是能够挺过最困难的时期。

我觉得学习中培养的毅力，不但在整个学习阶段让人受益匪浅，而且对于一个人将来的生活也有很大的好处。所以，中学生朋友们要在学习过程中，克服遇到的各种困难和挫折，培养起踏实的学风和吃苦耐劳的精神。

有人曾经针对中学生进行过一次调查，发现那些不能在学习中坚持下来的人，绝大部分是因为对所学的东西产生了悲观情绪，他们不会看到自己已经取得的成绩，不会看到自己已经学会了多少词汇、记住了多少信息，只会看到自己最差的一面，挂在嘴边的都是"根本不可能成功""我永远也做不到……"一个人面对学习的可能性，如果连门都不打开，那他还没有踏进一个课程或技巧的领域，就已经自己打败了自己，这就等于是百分之百的失败。

当你在学习中感到难以坚持下去，准备放弃时，请看看下面的建议。

首先，在你已经准备放弃、讲"不可能"之前，先花点时间去寻找你认为不可能的事，然后从中找出一个别人成功的例子。例如，你认为你和你的某个朋友一样，已经不可能学会游泳了，但后来你的那个朋友经过多次练习，已经成为学校游泳队的队员了。当你找到成功的案例，就表示不能再用"不可能""永远不会"这些字眼儿了，世界上只要有一个人做得到就表示有可能。

其次，就是多想想你达到学习目标以后的情况，例如，你已经掌握了英语，并能熟练地与外国人对话等。这种对目标远景的展望能进一步激励你坚持做那些你已经有了放弃想法的事。

高效锦囊

对学习来说，设定目标很重要，是否对所学的东西有兴趣也很重要，但能否坚持自己的目标、保持长久的学习兴趣更重要。

训练注意力的技巧

♛ 回忆法

努力回忆这门课上次讲到哪里了，它的重点是什么，自己究竟掌握了哪些。无论对于这些问题能否回答，只要你在考虑了，那就说明你已经不知不觉地将自己的思想纳入了这堂课的"轨道"。

♛ 目标转移法

仔细观察室内的某一件物品，看清楚它的形状、颜色、制作材料和其他特征，然后闭上眼睛回忆一遍，再睁开眼看看回忆得对不对。这时你就会发现脑子里原先的东西已经被"清除"出去了。

♛ 深呼吸法

闭上眼睛，慢慢地吐气，再慢慢地吸气. 就像练气功一样，要求吐气的速度越慢越好。这样重复10~20次，就能把与学习无关的想法都抛到九霄云外。

♛ 静坐法

练习此法时，脑子里不要想任何东西，静静地坐着，眼观鼻，鼻观口，约半分钟，脑子就会平静下来，这时候再学习就很容易学进去了。

第三章

高效阅读：养成正确读书的习惯

　　读书是获取知识的主要途径，同样是读书，善于读书和不善于读书效果可是大不一样，这就是一个是否养成读书习惯，具备阅读能力，能否掌握有效读书方法的问题。高尔基说："书籍是人类进步的阶梯。"尽管阅读是一项非常个性化的体验，但是一旦无数个性化的体验集合成为一个民族的内涵，这个民族就会因此而拥有深厚的文化底蕴。一个人如果从小养成良好的阅读习惯，一生都会受用无穷；一个民族养成阅读的习惯，这个民族就会充满智慧和希望。

养成快速阅读的习惯

中学生要掌握快速阅读的能力，这对提高阅读效率是非常必要的。研究证明，任何一个具有中等能力的人，都可以提高阅读速度。但是，阅读速度的提高并不代表阅读效率的提高，阅读效率还与理解率有关。可以说，有速度没有理解率、理解率很高而速度上不去，都不会有很好的阅读效率。

学霸支招

（余金桥）

在广泛的阅读过程中，我培养了自己的阅读速度、阅读能力。三年来，我背诵、积累了大量的精妙诗词、优美语段，并且时常动笔摘录，这样既积累了写作素材，又练得一手好字，无意间还培养了静心学习的好习惯。

读书，要带着问题去读，要思考。即使时间再紧，我读书时也决不囫囵吞枣，而是边读边揣摩，遇有心得、感悟，就一气呵成，诉诸笔端。

快速阅读有三种表现方式。

一是跳跃式阅读。读书时不要逐句逐段，而是跳跃式地读，读开头、读领头句、读结尾。

二是扫描式阅读。即阅读时视线要垂直移动，"瞄准"重要字词句即可。如同人们平时所说的"一目十行"。通过快速阅读的练习，就能很快抓住关键词语，理解句子的意思。比如在阅读"那么，有没有一种快速阅读的方法呢？"这句话时，只要抓住"有没有""快速阅读"这两个关键词语，就理解这个句子的基本意思了。

三是组合式阅读，即群读。它要求不是一字字地看而是一组组地看。要想做到群读需要经过不断的训练才能达到要求。你可以找一篇比较通俗易懂的短文来进行"群读"，训练自己一次"扫视"3~5个字。这样经常进行训练，阅读速度就能大大提高。

高效锦囊

当你拿到一本书时，不要一页一页地去翻，要首先看书的标题和副标题、作者和出版者、编者的话和关于作者的说明；其次，浏览目录，阅读内容提要、前言或后记；最后，以跳读的方式大体翻阅全书，并注意出现在章节始末的小标题。这样，就能基本了解这本书的内容，然后再决定这本书是否值得花时间去细读。

让阅读成为一种爱好和习惯

如果能将阅读培养成自己的一种爱好和习惯，那么读书就会成为一件让你感觉很愉快的事，在这种心境下阅读，自然会事半功倍。

学霸支招

（胡晨曦）

我从小就喜欢阅读，也喜欢在电脑上写作，已在报纸杂志上发表了几篇文章。看书对我来说，就像是吃东西一样，是一种享受，"不能让自己饿着，还得吃好"。中考一结束，我就跑到书店里，搬回家一堆书。

对于尚没有养成读书习惯的学生来说，阅读与电脑、网络相比，是枯燥无味的。为此确有必要设法增加阅读的兴趣。"预测阅读法"，就是这样一个能增加阅读兴趣的好方法。

所谓"预测阅读法"，就是对所学的课文不要忙着看到底，看过题目或开头之后，闭目静思一下，设想这个题目由自己来写，准备怎样组织篇章结构，准备怎样论述，然后将自己的设想写下来。之后，再拿它与原文对照，看哪些地方不谋而合，哪些地方不同，相比之下，作者的写法有什么好处，或自己的见解有何独特之处。这种阅读法是河北的马江龙老师创造的。他认为："这样既能印象较深地学到语文知识，又能锻炼学生的创造力，有益于智力的开发。"

实践表明，"预测阅读法"的确是启发学生智力，训练阅读能力的一种好方法。据说著名科学家华罗庚先生年轻时看书就爱先看看书名，然后闭目静思这个题目到了自己手里应如何写。旅美学者李政道先生看书也爱先看开头和结尾，然后认真思考中间应如何写。他说，只有这样读书，才能消化"别人"，读出"自己"。

～ 高效锦囊 ～

在读书时，需要将阅读中遇到的疑难问题及时记录下来，并及时地去寻找正确答案，这样才能最大限度地提高阅读的效率。

读删结合的厚薄读书法

这是一种读与删相结合的阅读方法，华罗庚很重视这种阅读方法。这种方法的优点就在于在阅读过程中把求全与求精有机结合起来，既重视知识量的增加，又利于知识质的提炼、深化，无疑对阅读学习有着非常重要的指导意义。

学霸支招

（杨旸）

我平时喜欢朗读英文，只要拿到有英文的东西就要读，所以语感很好。我认为读多了，对语感有很大的帮助。爸爸妈妈几乎每天晚上都在家里看书，受这种学习氛围的影响，从小我就觉得读书是一件挺好玩的事。妈妈曾告诉我："你拿到一本书后，先把薄书读厚，然后再把厚书读薄。"因此，自己拿到一本书时，就联想曾经学过的东西，然后复习时，再把记笔记的书，提炼重点，列提纲。

厚薄读书法一般分为两步走：第一步先把书"由薄读厚"。"由薄到厚"是学习、接受和记忆的过程，也是知识不断丰富、不断积累的过程。初读一本书，首先应该慢慢地、一点一点地读，不懂的地方要下功夫。比如每个生字都要查字典，每个不懂的句子都要进行仔细的分析，不懂的环节都要加上自己的注解，还要看一些参考书和有关资料。这样，所读的书就"由薄变厚"了。华罗庚说："切不要以为'会背会默，滚瓜烂熟'便是读懂书了。如果不逐步提高，不深入领会，那又与和尚念经有何差异呢！"

第二步是把书"由厚读薄"。"由厚读薄"指在对读物深入理解的基础上，经过自己的思考，把它加以归纳、综合、概括，抓住书中提纲挈领的精要和最本质的东西，使书本知识真正为自己所有。华罗庚认为，如果读书的时候做不到"由厚到薄"，那么书读得越多越不好，因为那样的话很可能会堕入书海之中不能自拔，那就变成书呆子或"书橱"了。

高效锦囊

在学习书本上的每一个问题时，首先应该不只看到书面上，还应看到书背后的东西。这就是说，对书本的某些原理、定理、公式，我们在学习的时候，不仅应该记住它的结论，而且应该探求一下这个结论是如何得出的。

融会贯通的精细读书法

所谓精细读书法，是指通过反复熟读、仔细咀嚼、深入钻研、透彻理解、抓住精髓，把知识融会贯通的一种读书方法。

学霸支招

（张庆）

我喜欢读大家的书，像《中国哲学简史》《万历十五年》等。在学习英语上，我也有自己的方法。初三时，我参加全国中学生英语能力竞赛获一等奖。中考前，参加学校的英语测试，在近千名考生中，我获得并列第一名。我学习英语起步并不早，经验是多看经典文本，一遍又一遍，开始还一头雾水，读多了，语法懂了，单词也记住了。

可以看出，张庆同学阅读的方法就是精细读书法，一遍又一遍地反复读，直到理解透彻为止。以高分考取北京大学的谭曙光同学采用的也是精细读书法，也叫"读书五遍法"，从而在学习上游刃有余，轻松到达成功的彼岸。"读书五遍法"具体如下。

第一遍：在课前对老师将要讲解的课文粗粗地看一遍，大致了解一下知识内容，不必逐字逐句地理解课文。

第二遍：课后，对老师讲过的内容翻书复习一遍。这一次不同于之前，要认认真真地看，力求在听课的基础上把内容吃透，掌握概念定理的推理运用。

第三遍：当课本的一个单元或章节讲完之后，从头到尾仔仔细细地看一遍，加深对概念定义的理解和掌握。注意，不要因为对知识已经有一定的了解而对自己打马虎眼，匆匆而过。这样的结果往往是没有达到预期目的，不清楚的地方还是不清楚。

第四遍：当一本书全部学完后，还要把整本书连起来读一遍。主要目的是整理各章知识，找到它们之间的相互关系，理出头绪，对全书有一个整体性的了解。

第五遍：在考试前几天，抽时间把书略略地翻一遍，配合笔记本，看看所学内容的重点、难点及一些概念性的东西和自己容易忽视的东西。

高效锦囊

有一位学者主张阅读时应该把书读"破"，他认为认识一个字应该做到"主体的懂"，即要读懂这个字在全部书中的意义、用法和变法及其在几部书中的种种意义、词性、用法和变法。

全方位、多角度阅读

著名学者胡适说："为学要如金字塔，要能广大，要能博。"这句话的意思是说，学习要博览群书，要全方位、多角度阅读。

学霸支招

（陈诗玥）

> 我爱好非常广泛：小提琴、书法、绘画，以及养小宠物等。我喜欢的书籍也很庞杂，古典文学、世界名著等，包罗万象。有时看三国、有时看天文地理，有时还看菜谱。我觉得，从不同的书里可以学到各种各样不同的知识，真的是开卷有益。

确实如此，我们只有在博览群书中，才能打好知识的基础。20世纪70年代初，美国哈佛大学曾对115个科研机构中的1311名科学家进行过为期5年的调查，结论是通才取胜。通才，传统解释是"学识广博，具有多种才能的人"。通才不是全才，而是以本学科为立足点，同时对其他几个学科有所了解的人。只有知识面广，观察力、想象力才会更强，思考问题才会有广泛的背景。

有一位学者曾经说过："如果一个生理学问题的困难，实质上是数学的困难，那么10个不懂数学的生理学家和1个不懂数学的生理学家的研究成绩完全一样，不会更好。"也就是说一个懂数学的生理学家，可能会比10个不懂数学的生理学家，更容易取得研究成果。我们要取得学习的成功，必须学会全方位、多角度地阅读，广泛地涉猎，从不同学科去研究一个问题，才有可能打破单一的、僵化的思维模式，才能发现各门学科之间的内在联系、不同事物之间的普遍规律，把问题的研究引向深入。

不过，别认为博览群书只是学问家的事，对于中学生来说，也要多读多看各种各样的书籍。在一线教学多年的崔学锋老师就认为，对于中学生来说，扩大知识面、丰富兴趣爱好是非常关键的。比如中考时考查说明文，多以自然和科技方面的内容命题，题型单一，难度不大，考生失分的原因多是受到专业知识的限制，如果平时能够多读一些这方面的书籍，考试时就能做到心中有数了。

◆ 高效锦囊 ◆

鲁迅说："爱看书的青年，大可以看看本分以外的，即课外的书……譬如学理科的，偏看看文学书，学文学的，偏看看科学书，看看别个在那里研究的，究竟是怎么一回事。这样子，对于别人，别事，可以有更深的了解。"

读写结合，帮助记忆

鲁迅先生提出，读书要"眼到、口到、心到、手到、脑到"。读书动笔，能够帮助你记忆，掌握书中的难点、要点；有利于你储存资料，积累写作素材；也有利于扩大你的知识面，提高你的分析与综合能力。

学霸支招

（彭丽）

广泛阅读为我开辟了捷径，学习期间利用零星时间读，假期节日抓紧时间集中读，茶余饭后挤时间读。具体地说，学习期间读篇幅较短的文章，把优美词语和名言佳句记下来；节假日读篇幅较长的文章，并做好读书笔记。为了提高语文素养，同时还做到有针对性地阅读，如学小说就选择小说来读。而且阅读后我很愿意和大家交流，以期有所提高。

广泛阅读，做好读书笔记并灵活运用，这正是学习语文要读写结合的关键所在。我们常说"不动笔墨不读书"。这"动笔墨"，主要指的就是做笔记。它有助于对学习内容的深入理解、巩固记忆，有助于积累资料，有助于提高写作水平，而且有利于集中注意力。下面我们来介绍一些如何做读书笔记的方法。

（1）批注式。在阅读自己订阅的报刊和购买的书籍时，为了加深对文章内容的理解，可边读边在书中重要的地方和自己体会最深的地方，写写画画，把书中的重点词句和重要内容用圈、点、画等标记勾画出来，或在空白处写上批语、心得体会、意见，或者是折页、夹纸条作记号等。这是一种最简易的笔记做法。

（2）摘录式。摘录就是把名言、谚语、佳句、事实、结论或一节一段，经过选择，准确地逐字逐句地抄录下来。摘录是积累资料的一种重要方法。

（3）心得式。读书之后，有自己的收获、心得、体会或认识、感想等，再联系自己的实际写下来，这叫读书心得或读后感。这种体会式的笔记，应以自己的语言为主，适当地引用原文作例证，表达自己的看法、想法，写出真情实感来。

（4）提纲式。把一篇文章的内容要点，按照段落层次，用简明扼要的语言写成，叫作提纲。通过写提纲，可以把握全文内容。写提纲可以用自己的话来表达，也可以利用原文中的句子。提纲宜分行排列，标写序码时要注意层次，眉目清楚，条理分明。

高效锦囊

读书时，可按照写人、记事、写景、状物分门别类地摘记在卡片上，分类存放。存放的位置还要按类别，编上号码，写出标题，以便使用时查找。卡片还有携带、使用方便的特点。每天拿出几张卡片读一读，背一背，日积月累，脑中积累的词汇材料就越来越丰富。

阅读笔记模板

书　名		作　者	
篇　名		阅读时间	

感人句子	

主要内容	

我的感受	

第四章

过目不忘：养成高效记忆的习惯

  记忆能力直接影响着中学生的学习能力，记忆技巧是中学生学习的关键因素，好的记忆方法可以让中学生记东西更快，学习效率更高，学习成绩更优秀。在学习中，有些中学生常常抱怨自己的记性不好。其实，我们大脑的记忆功能是相差不大的。实际记忆力之所以有差异，是因为各人对大脑记忆的规律和提高记忆能力的方法掌握多少不同的缘故。也就是说，学生记忆力水平高低之间的差异只在于方法技巧的不同，如果方法得当，你可以轻松地记住你想要记的一切知识。

在理解的基础上记忆

理解是记忆的前提，只有理解了的知识，才能抓住实质，记准记牢。只要理解了，记忆也更容易持久。反过来，记忆又能帮助理解，知识掌握多的人往往也是理解能力强的人。

学霸支招

（田杰文）

对于记忆力差的同学来说，"记不住"恐怕是个普遍性的问题，要克服这一弱点，必须从理解入手，在理解的基础上增强记忆力。记忆时一定要把所背内容的道理吃透，有了理论基础再来背那就容易多了。比如在背历史时，我就习惯于在背一段内容时，先弄清其中的历史理论，给我们以什么历史启示，有了对这一段正确的历史认识再去逐步记忆其中的细节，效果就很好。

所谓理解就是要懂得记忆内容的实际意义，即对某些知识不仅要"知其然"，而且要"知其所以然"，要不仅能回答"是什么"，而且能回答"为什么"。

用机械记忆的办法死记硬背，很难记住，而且忘得快，正如教育学家苏霍姆林斯基所说："记忆没理解的规则，会导致肤浅的知识，而肤浅的知识是不能保持在记忆里的。"

数学公式都用枯燥的符号表示，如果生吞活剥地死记硬背，不理解它们的意义，记忆起来就非常困难，一时记住了也容易遗忘。这类知识不但要理解它们的意义，而且要弄清它们的来龙去脉，才能记忆。这种在理解基础上记忆的知识，有时即便是遗忘了某些内容，仍然可以根据已有的知识把它推导出来。

面对一大堆材料去一字不差地死记硬背，花的时间多，而且容易遗忘。应在理解的基础上进行加工整理，删繁就简，分清层次，归纳要点。复习时集中精力把要点记住，从而使记忆量大大减少。归纳后的知识变得有条理，思路清晰，很容易记忆。所以在记忆时，一是要理解知识归纳要点，用笔在书上作记号，或者作旁批，复习时只记要点，答题时用要点答题。

高效锦囊

理解记忆的四大要点：1. 明白记忆材料的意义；2. 掌握知识的来龙去脉；3. 了解知识之间的纵横联系；4. 了解知识的用途。

如何降低知识的遗忘率

中学生要想提高记忆能力，首先要解决的就是如何降低知识的遗忘率。

学霸支招

（庄亦洋）

记忆不应是盲目的，如果每天背多少算多少的话，既容易劳累，又使你越背脑子里越没头绪，这样条理不清，难于记住。记忆应该有计划，应算着多少天背第一遍，多少天背第二遍，今天背哪一章哪一节，明天背哪一章哪一节，这样的记忆有目的性，而且使你对当天的记忆内容做到心中有数，而不是无底洞，从而不易疲劳，不易乱了头绪，也不会使你在背得心烦意乱时丧失信心。当然，我认为背政治、历史等科目也不是逐字逐句地死记硬背，而是要想办法降低知识的遗忘率。

要想降低知识的遗忘率，提高自己的记忆能力，除了在记忆时要有目的性之外，还要把握住下面这两个要点。

1. 把抽象记忆同形象记忆相结合

这一点有助于你轻松记忆，而不至于背得心烦意乱。在背历史时，可以想象那些历史故事，这自然就置你于一个历史大环境中，在这样的环境下再来领悟其中的内容与道理岂不简单？在背政治时，也可同社会事实、国际大事相联系来背，既做到理论联系实际，又有助于背牢、背活课本上的内容。

2. 千万不能逐字逐句地背

应先背大方面，先背大点，再具体背每个大点下的小点，再逐步深入每个小点下的具体内容，这样不仅能够牢记内容，而且使你头脑清晰，掌握的知识有条有理，知识结构有了固定的框架自然使其遗忘率也大为降低。

～ 高效锦囊 ～

背东西时最好能背出声来，这样使大脑接收信息一次，再将信息通过耳朵传送给大脑一次，大脑实际上是两次接收信息，这能大大降低对知识的遗忘率。

通过比较加深记忆

记忆不能全靠死记硬背，要学会通过将知识点之间进行对比来加深记忆。

学霸支招

（严晓莉）

　　我在学习政治、历史、地理三门学科的时候经常会用比较的方法来加深记忆，非常有效。老师平时会讲到一些类似的问题，把这些知识放到一起对比，就可以把一些相同的知识往上"套"。比如相似的因果关系、相似的影响之类的，都可以用同一个原理往上"套"。这样对比记忆会比较深刻，在考试时容易将知识点连成串，知识体系也就比较完整了，得分当然就会比较高。

比较记忆的方法很多，主要有以下几种。

1. 对立比较法

记忆时，把相互对立的事物放在一起，能形成鲜明对比，容易在大脑中留下清晰的印象。

2. 类似比较法

很多事物、知识在表面上极其相似，但本质上却有差异，记忆时，可以找出相似的不同点来，予以比较。

3. 对照比较法

对照比较法是指同类材料的不同表达方式之间的比较，这是一种横向对比。一般做法是把同类的若干材料同时并列，在学习过程中进行比较。

4. 顺序比较法

顺序比较法是指新旧知识之间的比较，这是一种纵向比较。一般做法是在接触新知识时，把它与头脑中已有的知识相比较，看它们之间的联系、相同与不同之处。

〜 高效锦囊 〜

如果识记材料是单一的，该怎样进行比较呢？你可以找一个参照物。例如记一个人，你可以这样想：他的相貌像李老师，他的语言像邻居张大叔，他的名字与表哥一样，只是姓不同……这样一比较，就不容易忘记了。

利用遗忘规律帮助记忆

我们所学到的任何知识都是有规律可循的，如果能够抓住记忆和遗忘的规律性，对我们的记忆将大有帮助。

学霸支招

（余金桥）

隔三岔五，我总会抽空将自己所学的知识做一下梳理，因为记忆与遗忘有个规律，要抢在记忆模糊之前巩固，这样，记忆就会事半功倍。我从来不等到老师催逼或考试时才去抱"佛脚"，我欣赏也在实践主动学习的方法。

余金桥同学所说的在记忆模糊之前巩固知识，就是说我们要及时记忆，当你学习到新的知识时，就应抓紧时间及时巩固。

德国心理学家艾宾浩斯对记忆和遗忘进行了长时间研究。他选用了3个无意义音节，每8个分为一组，共分为8组，把自己作为实验对象，测定完全记住所有音节需要的时间，结果发现了遗忘的规律是先快后慢。艾宾浩斯把这个实验结果绘成了一张图表，这就是著名的"艾宾浩斯遗忘曲线"。从艾宾浩斯的遗忘曲线可以得知，在记住某种材料之后，遗忘的进程是不均衡的，那就是：在识记之后的短时间内，遗忘得快而且多，而后逐渐慢而且少。从记忆到复习的时间间隔越长，需要重新恢复记忆的时间就用得越多，在时间的运筹上就越不合算。所以，当你记住某种材料之后，必须及时复习巩固。

我国著名漫画家、文学家丰子恺学习外文，要求自己对每篇课文都读22遍，便是及时记忆方法的运用。

他的具体做法是：

第一天，读第一课10遍；

第二天，读第二课10遍，第一课5遍；

第三天，读第三课10遍，第一课5遍，第二课5遍；

第四天，读第四课10遍，第一课2遍，第二课5遍，第三课5遍。

这样，每一课分4次读完，共22遍，随后做上记号。

这种方法效果很好，几个月后，丰子恺就能看外文长篇小说并从事翻译工作了。

高效锦囊

遗忘最快的时间是在记住该材料的头一两天之内，因此，当我们要记住某种材料时，最好在头一两天内再复习一次，然后隔一段时间复习一次，间隔时间先密后疏。当记忆得到巩固时，间隔的时间可以逐步延长，复习次数逐渐减少，这样就可以使我们识记的材料经久不忘。

知识串联记忆法

为了能有效地记忆，不仅要在理解的基础上记忆，还需要把相关知识系统化。因为学习知识靠日积月累，如果不穿针引线把它纳入系统，将是零碎的知识，而零碎的知识很容易忘记。

学霸支招

（彭康）

我认为，知识之间的联系是各种各样的，不仅有纵的联系，也有横的联系。在记忆的时候，不仅要善于穿起珍珠，而且要善于把知识编织成网。在这个过程中，联想能起到非常大的作用。这种方法在学习英语、历史等需要大量记忆的科目时非常有用，尤其是历史本身是一个相互联系的过程，其中有很多事件都是相互关联、相反或相似的，所以在学习历史的过程中，用这种方法可以帮助自己记忆。

其实，不仅是文科，在理科学习尤其是化学学习时，知识串联的方法也对记忆帮助很大。比如在复习化学时，我们可以对全书所有知识点进行归纳总结，并用图表形式表达出来，在头脑中建立清晰有序的知识库，这样使用时就能准确地提取出自己要用的知识点了。以初中化学为例，内容总体可以分为：1.基本概念和原理；2.元素化合物知识；3.化学计算；4.化学实验。其中每个部分又可分为若干具体内容，例如化学计算又可分为：1.有关化学式计算；2.有关化学方程式计算；3.有关溶液计算。计算又可划分为若干具体计算。通过归纳总结，把零散知识连成线、结成网，印在脑海中，就非常便于记忆和应用。

高效锦囊

美国心理学家荷蒲兰德曾做过这样的实验：他把十二个单词排成一行，让别人来记忆，看哪个词最容易忘记。实验结果表明，没有一个人会记错第一个词和第二个词，第二个词以后错误逐渐增多。第七八个词错误率最高。往后，错误逐渐减少。第十二个词的情况与第二个词一样，错误极少。他把整个错误起伏的情形称为"记忆的排列位置功效"。实验证明，排在前面和结尾的材料记忆效果好。

简化概括记忆法

记忆时，有所简化才有所强化。所谓简化，就是先提炼出识记材料中的关键性语词，然后进行综合概括，形成一个或一组简单的"信息符号"，这样就更便于记忆了。

学霸支招

（骆雅婷）

上课要认真记笔记，掌握重要的题型，做好知识归类、整理，拟好小目录。平时要多浏览书本，提炼政治的"关键词"，通过这些"关键词"，熟练掌握知识点的网络构架和知识在课本中的具体章节。

可以看出，这种记忆方法就像制作压缩饼干一样。在简化和提炼过程中，对材料的认识提高了，理解加深了，会上升到抽象思维的高度去把握它。这种概括后的材料，可以称作知识的结晶体，它言简意赅，具有代表性，容易与头脑中的知识结构相关联，很有利于记忆。

这种概括材料的主要形式如下。

1. 主题概括

无论是鸿篇巨制，还是诗词小令，都有一定的主题思想，只要把它提炼出来，就能概括记住材料的主要内容。

2. 内容概括

对内容繁多的识记材料，可以采取浓缩的方法，化多为少，抓住要点，就会大大减少记忆的工作量。

3. 简称概括

对较长的词语、名称进行简化，赋予它一个新名称，这样就便于记忆。

4. 顺序概括

把识记材料按原顺序概括，记忆时突出顺序性。如"王安石变法"内容：青苗法、募投法、农田水利法、方田均税法、保甲法。可简记为一青二募三农四方五保。

高效锦囊

很多识记材料内容庞杂，篇幅绵长，一一记住实在没有必要。如果对其删繁就简，择精选萃，使知识在数量上大幅度减少，在质量上成倍地"增长"，这就会大大地减轻记忆负担，显著地提高记忆效率。

联想记忆法

联想记忆法，就是将记忆材料与存储在大脑中的相关信息串连起来，以提高记忆的一种方法。

学霸支招

（徐琳琳）

英语要记的东西比较多，最主要的是单词要会，但背单词绝不能把单词孤立起来一个一个地背，背单词时要联想看看有没有其他单词可以和它组成词组，这个单词有没有比如复数、时态等变化形式。

都说写作文需要联想，其实，记忆同样也离不开联想。一位名叫林小杰的同学也非常擅长运用联想来记忆知识，他具体介绍了自己是如何运用联想记忆法的：

1．接近的联想法

在记忆历史的时候，我经常采用的方法就是在书边做一些小标记，有时甚至会画一些小图或符号，它们的确帮助我记住了很多东西。比如说，在记忆明代的大学士张居正实施"一条鞭法"的时候，我就在书边画了一个人拿着一条鞭子。后来，每当我想到这一事件的时候，我的大脑中就会浮现出这一图形，时间久了，张居正和"一条鞭法"之间的联系就再也割裂不开了。

2．相似的联想法

两种事物相类似时，往往会从这一事物引起对另一事物的联想。把记忆的材料与自己体验过的事物联系起来，记忆效果就好得多。在外语单词中，有发音相似的，有意义相似的，这些都可以利用相似联想法来帮助记忆。

在学英语的过程中，有些内容对我来说是比较难记忆的，比如一些动词短语，也就是用一个动词加副词或者介词组成了很多词组。我想对大多数同学来说，都有同感。这时候，如果联系它们的字面意义来充分理解并联想，比死记硬背效果可能会好一些。

有的词它的字面意思和实际意思会差得比较远，比如说"Comprehend"这个词，它有"make out"的意思，字面上是"使……出来"之义，它的实际意思有"辨认出"和"领悟"的意思，从字面上是很难理解的。然后我就这样联想：它的字面意思是使什么出来，比如说"使'人'出来"，即把其中一个人从这个大队里面拉出来或者是认出来，于是我就记得这个词组有辨认的意思了。"使'意思'出来"，就是使某个意思从一大句话中出来，于是有了"懂得"的含义，即"领悟到……"的含义。

～ 高效锦囊 ～

记忆英语词组时，联想到一些熟悉的方式，或者是容易记忆的东西来记忆词组，比死记硬背强很多。运用这种方法，字面与实际意思迥异的词组的识记问题，就可迎刃而解了。

分组归类记忆法

记忆，也可以按照同类相属、异类相别的原则，把记忆对象分类、分科、分项记忆。这好比先把材料放进一个一个记忆的抽屉，再按类别记忆一样。

学霸支招

（兰升青）

化学、英语这两科的知识点非常零散，因此单靠课上的时间去理解、记忆是远远不够的，还要经常对知识点加以分类、总结、归纳。比如英语单词、词组有什么相似之处又有什么不同；化学把知识串上线。这样才能使原本琐碎的东西变得整体化，记忆起来也就方便多了。

兰升青同学运用的这种方法就是分组归类记忆法，分组归类就是指当记忆材料比较多的时候，为了便于记忆，可以将所要记忆的材料进行分组归类，加以组合，形成不同的记忆组块，从而达到提高记忆效率的目的。比如，我们要记以下这些名词，分别是电视、大米、尺子、面包、西服、风衣、橡皮、绿豆、裙子、书本、空调、蛋糕、背心、钢笔、冰箱。如果我们记忆的时候按照这些词的字面排列顺序，而没有从中寻找规律，就很难记忆。但是如果我们分析这些词，并把这些词分组归类为家电、服装、食物、文具四大类，记忆起来就既省时方便，又记忆牢固，不易忘记。

学习一个较长材料的时候，我们还可以在整理归类的基础上以提纲的形式保持记忆。通过编写提纲，可以使材料在自己的脑海中更有条理地呈现，同时把很长的材料分成不同的组块进行记忆。同时，小标题又可以提示应回忆的内容。

编写提纲，包括以下几个步骤。一、把识记材料按照一定意义，分成各个部分。二、归纳每个部分的小标题，或提出容易联系记忆的支撑点。三、把各个组成部分按照小标题或支撑点连接成一个系统。

此外，分组归类不一定只按一个标准，记忆材料的性质、技能、构造、大小、形状、颜色、时代等都可以作为归类的标准。因此，在进行分组归类的时候，应该尽量按适合自己记忆的路子，明确怎样进行分类。如果碰到不好确定属于哪类事物的特殊事物，不必勉强给它们定方向。特殊事物就特殊记忆，如果把这些特殊事物归纳在一起，事实上也是一个记忆组群。

高效锦囊

归类方法很多，卡片法简便易行，值得提倡，许多人都善于运用此法。记忆某些片段知识时，比如发现报刊上的零星珍贵资料需要记忆，运用卡片法归类会使人获益匪浅。而且，同一识记材料运用卡片能变换角度归类，每一次归类都会有新的发现，因而能从不同角度对材料进行交叉记忆，收到良好效果。

世界记忆大师的记忆力训练

👑 数字练习

练习记100个甚至数百个毫无规律的数字，做到快速记忆并能倒背如流。

👑 扑克练习

进行扑克牌记忆练习，特别是要反复练习去记一副扑克，尽量缩短记一副扑克的时间。

👑 词汇练习

找出数十组毫无规律的中文词汇，尝试在最短时间内把它们一个不漏地记住。对于英语单词来说，则需要经常进行英语单词的记忆练习。

👑 句子练习

练习记忆几个甚至几十个句子，需要一字不差地记住它们。

👑 文章练习

文章练习是句子练习的延伸，经常找一些较长的文章来进行记忆，甚至尝试着去记整本书。

第五章

学而善思：养成积极思考的习惯

　　我国古代学者就提倡"学以思为贵""学而不思则罔，思而不学则殆"，可见，思维能力的培养在学习中的重要性。中学生在学习中要让大脑多动起来，勤思考、勤总结，有问题就问，问老师问同学，不要觉得不好意思。对同学要"不耻下问"，每个人都有自己的强项，谁也不是全能；要有辩证的思想，在尊重科学的前提下，敢于对权威提出质疑；不能人云亦云，要有自己独立的思想，独立的思考。

学会独立思考

独立的思维能力就是指善于独立发现问题、思考问题和解决问题的能力，不盲目依从，不武断孤行。

学霸支招

（向晓玲）

作为一名中学生，首先应该培养自己独立思考、自主学习的能力。所谓自主学习，就是在老师的指导下，自己独立学习，在思考的过程中，遇到困难时可借助老师的点拨和引导，但绝不能依赖老师，不能什么都靠别人"告诉"，要在老师介绍的主要知识点上，自己开动脑筋提出问题、分析问题、解决问题，多思、多问，通过自己的脑力劳动去获得真知。

为了培养独立思考的习惯，你可以从以下两方面着手。

1. 用自己的话讲知识

经常用自己的话，把一段时期学到的知识讲出来，可以讲给父母或小伙伴听，讲得越通俗、简单越好。把课本的话变成自己的话，需要一个独立思考的过程，长期坚持下来，你就会养成独立思考的习惯。

2. 经常对各种题型整理归纳

我们可以在做了一定量题目的基础上，对题型分类整理，概括出每种题型的解题技巧和注意事项。通过这种独立的思考，以后再见到类似题型，就能够按部就班得出正确答案。

如果你不善于独立思考，那将对你各方面能力的培养产生极大影响，你就不能有效地运用各方面的能力，去独立地分析解决问题，特别是当你遇到新问题的时候。说得具体一些，许多同学在解题时不会独立处理问题，不是由于题目做得少，而是由于平时缺乏独立思考的能力和习惯。如果你平时对每个问题都能独立地进行分析思考，遇到问题自然会去钻研，并且能把问题处理好。

高效锦囊

中学生思维的独立性已开始形成，他们不像小学生那样，对老师和家长百依百顺，而是学会用独立的眼光看待周围的一切。但初中生容易偏激，好走极端，容易肯定一切或否定一切。高中生相对而言则有较强的独立思维能力。他们思考问题不肯盲从，喜欢探究事物发展变化的根本原因。

具有"超前一步"的思维

在学习过程中应该主动汲取而不是被动地接受，应该把思考贯穿于学习的各个环节。

学霸支招

（王力）

在课堂上，不应该只是把老师讲的内容死记硬背下来，而是要有"超前一步"的思维，即积极地思考，在心中回答老师的问题，或者是对于一个现象去思考"为什么"等问题。这样，一来可以提高理解的深度；二来可以全心投入学习中去，少了分心、走神之虑。

在学习中要想做到"超前一步"的思维，首先要做好预习，预习是为了弄清老师下节课要讲的是什么、重点和难点在哪里、自己有什么地方不清楚等问题，明白了这些，才不会感到盲目和被动。

在每堂课结束后，最好再把这堂课所学的内容回忆一遍，这样做才能厘清本节课的知识体系，加深自己对知识间联系的理解，从而更深入地理解所学的内容。

在做作业的过程中，要先重温一遍所学的知识，尽量自己独立思考，而不要依赖于课本或答案。做一些课外练习，可以拓宽知识面，加深理解。练习不是让"题海"越宽、越深就越好，最好既不要"原地踏步"，也不要"一步登天"，选择"跳一跳可以摘到的苹果"，选择适合自己的，才会收到好的效果。

在学习中有疑问时，可以先积极动脑，自己尝试着解决。实在不能解决，才找老师、同学讨论。在讨论中不仅要弄明白什么是正确的，更要和自己的思路比较，看看哪里不同。

～ 高效锦囊 ～

要有意识地养成追根究底的习惯，凡事都要问个为什么。同时要自己努力寻找答案，不要光是坐着等待别人来告诉你答案。要学会不断地探索谜底，钻研问题。

"听"与"思"要结合

有很多同学反映：上课时老师讲的我都听了，为什么学习效果还那么差？最主要的原因就是这些同学上课时只是盲目地用耳朵在听，而没有用大脑思考。

学霸支招

（陈博）

同样是听一堂课，为什么有的同学收获很大，而有的同学却收效甚微呢？主要原因就在于他们有没有把"听"和"思"结合起来。要知道，听课的含义远不止被动地听老师在说什么。不要做一个被动的信息接受者，要充分调动自己的积极性，将自己的思维和老师的讲课过程紧密地联系起来，这样听课的效果才最好。

由此可见，在听课时积极思维、听思结合多么重要。那么，在课堂上具体应该怎样做呢？

1. 超前思考，比较听课

上课不仅要跟着老师的思路走，而且要力争走在老师思路的前头。譬如，老师刚提出一个问题，就应主动去寻找答案，然后和老师的答案核对。自己想对了，老师再一讲，就记得更扎实；自己想不出来，或和老师的答案不一样，再听老师的讲解，自己的理解也会更深刻。

2. 去粗取精，归纳总结

从老师的讲解中舍弃那些非本质的表面材料，去粗取精，归纳出老师所讲内容的梗概，领会老师讲解的要点，并使这些内容与自己原有的知识结构融为一体。

3. 揣摩老师讲解的意图

弄清老师是在陈述一件事，还是在说明一种物；是在抒发某种感情，还是在发表某种议论；是在探讨某个问题，还是在提出某种疑问。

∾ 高效锦囊 ∾

在学习中要用心体会老师在讲课过程中提出的有益的学习方法，并寻找合适的机会灵活运用它，以提高自己的学习效率。

多问几个为什么

在学习中，不能简单地把学到的知识照单全收，应该独立思考，敢于质疑，这样才能培养自己的观察分析能力。

学霸支招

（陈力祥）

好问，是打开知识大门的钥匙。同学们学习的时候，正是在求得一个个问号的解答中，探求到解决问题的新见解、新方法，一步一步进入知识的宝库。如果一个人从小对接触的知识，不提一个问题，不问一个为什么，那么，他的头脑就好像是一个不能点亮的灯笼，不能引进火种，也放射不出智慧的光芒。

看看一些学有所长的人物所走过的成长道路可知，他们无不把好问作为学习的诀窍：学问学问，一学二问；不学不问，是个愚人。周恩来同志小时候读书时，到老师那里去得最勤，问得最多，还经常和同学们一起互问互答，探讨问题，不断追求新思想和新知识。

好问，要以多思考作为前提。有的同学平时不用功，一碰到疑问就向他人请教答案。这种"懒思而多问"是不可取的，应该善于向自己提出各种各样的难题，逼自己去认真钻研和反复思考，找出实在弄不懂的地方，再去问人，这样的学习效果才会好。

好问，还要有打破砂锅问到底的精神，唐代诗人杜牧曾在一首诗里写道：学习不能像走马观花那样只看表面，要追根寻底，弄明白来龙去脉(大意)。确实，我们对自己不懂的东西，不能只满足问个"是什么"，还要思考和问个"为什么"，进而探索和追问"怎么样"。

因此，学贵有疑。学习中通过思考提出问题，对掌握知识、训练思维非常有益。正如明人陈献章说："前辈谓学贵有疑，小疑则小进，大疑则大进。疑者，觉悟之机也。一番觉悟，一番长进。"

如果发现课文中句子有语病，那就提出疑问进行讨论。教材是人编的，课文是人写的，对教材的盲目迷信是不对的，有时甚至是有害的。它限制了我们的思维，扼杀了创新意识。

高效锦囊

孟子说的"尽信书不如无书"，也就是要我们有怀疑精神。无数事实证明：学贵有疑，有疑则进。要想在学习中取得好成绩，就得倡导一个"疑"字。

不轻易说"我懂了"

在学习中，我们要具有探究精神，不要轻易认为自己真的懂了。

学霸支招

（王怡凯）

在学习中，感触最深、使我受益最大的是：少"嗯！"多问。先说"嗯！"。课堂上，老师讲得绘声绘色、津津有味，而同学们听得聚精会神，并不时发出"嗯！嗯！"之声表示理解或赞同，这大概是老师很满意的课堂气氛，同学们也很得意地听讲效果吧？可是，我却认为这样一味地"嗯、啊！"随声附和、不动脑筋，并非一条十分有效的学习途径。我就常常把"嗯"后面的"！"变为"？"，凡事喜欢探个究竟而不轻易说"我懂了"三个字。

多问少"嗯！"，王怡凯同学总结出的这个学习经验十分形象。他举例说：

比如，语文课上，老师教我们"移就"这种修辞方法，他解释说："移就就是把本来只修饰某种事物的词临时移饰与它相关的事物。"还举了一个例子："怒发冲冠"，说明其中"怒"本是修饰人的，这里移来修饰与人相关的头发，这就叫"移就"。于是我就想：这里的"怒"是否可以不看作"发"的修饰语，而看成被修饰的中心词，让"发上冲冠"作"怒"的补语呢？即使是"愤怒的头发"，又是否可以理解为拟人化的写法呢？

又比如，在物理课上，老师讲"电动势"一节时告诉我们内压、外压之和为电动势。于是我就又想：为什么它们的和为电动势呢？是否可以把这看成一个串联电路，电动势即为总电压，内压、外压就是分压呢？老师还告诉我们，测内压时不能直接将导线接在正负两极上，否则测出的为路端电压。这时"为什么不能接？""内压为何不等同于电动势？"等一连串的问号又从我的脑子里冒了出来。总之，老师说什么，自己并不附和，变"嗯！"为"嗯？"是我自认为很成功的学习方法。

高效锦囊

在学习的过程中，应该学会自我质疑。如在学习开始之前，可自问："如何选读教材？"在学习之中，可自问："我这样思考、解答对不对？"在学习结束之后，可自问："我的学习达到目的没有？""这次学习我学到了什么？"这样自我质疑，可以学得更深透，同时也提高了自己的思维能力。

改变固定思维方式

学习不能墨守成规，要敢于大胆创新，开发自己的创新思维，它会使你的学习得到意想不到的效果。

学霸支招

（宋嘉慧）

语文课本里有这样一道题：雪化了，是什么？大多数学生都回答是"水"，老师给予了肯定。而其中有一个学生回答的是"春天"。"雪化了，是春天"，多么富有诗意、富有哲理、富有感情的回答呀！它充分体现了那位学生灵活的思维、丰富的想象。但这个答案却引起了很大的争论，有人认为，雪融化了，理所当然变成了水，怎么会是春天？简直不可思议。这些持否定意见的人，头脑里则装满了陈旧的固定模式，而且已经形成了一种可怕的思维定式。

那么，如何有效改变固定思维方式呢？

1. 寻找共同点

事物之间总有或远或近，或大或小的联系。如果你抓住了这些联系点，就像抓住了一条纲，这样你就可以轻松地拉起整张网，捕获大量的"鱼"了。

2. 关注不同点

一件事物区别于其他事物就是因为它们具有各自的特点。通过认真观察，你会发现其中细微的差别，这样在你解决问题的时候，就可以从一个问题想到另一个问题，从而达到触类旁通的效果。

3. 加强举一反三的训练

在我们做数学题的时候，经常是一道题有好几种解题方法，所以在你做完一道题的时候，不要仅仅满足于得到答案，还要多想想是否还有其他的解题方法。

4. 肯定自己的成绩

经过一段时间的训练之后，你肯定经常会产生一些奇思妙想；此时，要勇于肯定自己的想法和创意。慢慢地，你就会发现自己的思维方式在改变，你正变得越来越灵活。

高效锦囊

不论上什么课，都要学会对着课文认真思考这一课的来龙去脉和前因后果，为什么安排成这样的顺序？道理在哪里？用的是哪一种逻辑方法？能不能换一种逻辑方法？如果换，该换成什么样？可以试一试。这样自我分析得多了，思维能力也就自然提高了。

用发散思维解放头脑

发散思维，是以一个目标为中心，让思维不依常规、不拘一格地向四面扩散，沿着不同的方向、不同的角度，寻找解决问题的答案的思维方法。

学霸支招

（罗梓涵）

在学习的过程中，如果只是顺着某一思路思考，往往因为找不到最佳感觉，而不能进入最好的学习状态。发散思维可以让你从其他领域，或者从似乎与学习对象关系不大的事物中受到启示，从而产生新的设想，得到意外收获。

在学习过程中，一定要善于运用发散思维，善于从不同的角度考虑问题，在一个问题面前，尽量提出多种设想或答案，以增加选择对象；善于变换影响事物质和量的诸多因素中的某种因素，以产生新思路。

在学习中运用发散思维还要注意同收敛思维相结合。所谓收敛思维，是指以某个思考对象为中心，从不同的方向将思维指向这个中心点，以达到解决问题的目的。它具有综合概括性特点。新设想、新答案要靠概括能力来获得。

例如，要解决一个综合性多步骤的理科运算题目，首先就得根据自己的认识，综合已知的条件和要求，找出解决问题的关键部分。关键部分找不到，就无法凭借自己的知识经验和问题中的条件去放开思路，找出解决这个关键部分的所有各种可能性的途径和方法，因而也就无法引出正确答案。因此，发散与收敛是互相配合的，有收敛才能发散，经过发散才能进行更高层次的收敛，从而使认识不断深化，问题得到解决。

同样，在其他方面，发散思维也最大限度地解放了我们的智慧。现在就想一想，看看还有哪些吧！记住最好的方法，来自发散思维之后的抉择！

～·◇ 高效锦囊 ◇·～

发散思维具有快捷、流畅、变通和独创等特征，它在思维过程中起着决定性的作用，为学习指明方向，为探索提供多种途径，帮助学习者在学习过程中，快速、灵敏地克服心理定式的影响，冲破传统思维方式的束缚，用前所未有的新视野、新角度去观察事物，发现那些有价值而又容易被忽视的现象，寻找事物之间的联系，从而使学习者形成新的知识系统。

逆向思维的妙用

逆向思维方式的关键就是摆脱习惯思维定式，将思路改变到与原来相反方向的一种思维方式。用通俗一点的话说，就是"倒过来想一想，反过来想一想"。

学霸支招

（张婷婷）

电灯泡的体积怎么测呢？物理课上好像从来没有讲过哦。对，没有公式。花了两个小时，用了一大沓稿纸，绞尽脑汁还是一筹莫展？我们看看大发明家爱迪生是怎么测量的。爱迪生把灯泡装满了水，然后把水倒进准备好的……注意了，是到处都有的一个量杯。不到1分钟的时间，灯泡的体积就已经赫然在目了。因此，在学习中，我们要防止自己的大脑堵车，保持思路的畅通是最关键的，逆向思维就是帮助你开阔思路的好方法。

逆向思维方法最大的特点是求异。别出心裁，做事不扎堆，不盲从，有自己的想法或者努力去找自己的思路，最后在新思路的指引下超越他人。想想看在平时的学习中我们哪些地方可以用到这种方法呢？怎样在思考问题、解决问题时保持足够灵敏的变通呢？

在学习中，你可以参考下面的方法来锻炼自己的逆向思维能力。

1.正逆思维联结，加深对概念、规律的理解。有许多概念、规律是互逆的。对于这些互逆概念、规律的学习，既可以由因索果，也可以由果溯因，采取正逆思维联结的办法，我们不仅可以对概念辨析得更清楚，理解得更透彻，而且能养成整体考虑问题的良好习惯。

2.改变思维方向，开拓解题思维领域。解决一个复杂问题的思考过程，往往是正向思维和逆向思维交叉进行、互相补充、互相结合的过程。在学习中，对于习题的解答，我们往往习惯于正向思维。若解题思维在某个方向受阻时，转向另外的思维方向去考虑，往往会收到意想不到的效果，使思维进入新的境界。

高效锦囊

在学习中，我们不能一直囿于自己一成不变的思维方式，被自己学过的复杂公式迷惑。开拓非程序性的思维路线，考虑到不相关的情况，必要的时候掉头想一想，怎么还会有难题呢？

开发神奇的想象力

爱因斯坦说:"想象力比知识更重要,因为知识是有限的,而想象力能涵盖整个世界,推动着进步,成为知识进化的源泉。"

学霸支招

(郑徐兵)

　　我认为在历史学习中经常思考和想象是十分必要的。死背课本、做大量习题都不是好的学习方法。应该多看书,一遍又一遍欣赏式地阅读,当然也可以有选择地看。看书须仔细,做到点滴不漏。纵向横向联系历史,有思考有比较。例如,世界史中讲到冷战局势演变时,就应该想起中国内外政策的演变,以及它们之间的内在联系;读到东南亚经济起飞时,就应联想到东亚形势,中美关系缓和;读到战后资本主义高速发展时,就应想起中国此时的经济发展情形。在这种边思考边联想的过程中,我们就把历史的知识记到心中了。在复习阶段,我还把考纲所列内容形成复习提纲,找到几条联系历史事件的线索,将整个历史知识串成一个巨大的知识网。

　　其实,不仅仅是历史,在学习别的科目时,你同样可以运用想象思维来增强学习效果。例如学习化学中溶液这个概念,头脑中应想象出一杯水，放入一小勺白糖之后而成为糖溶液的过程。这里水是溶剂，糖是溶质，糖的重量在溶液重量（水和糖合重）的百分比就叫浓度。如果继续放糖则浓度越来越高，放到一定时候糖不再溶解了，就叫饱和了。如果是100克水，放入某某克糖饱和了，则说明糖此时的溶解度为某某。通过这样想象，有助于对溶液、浓度、溶解度这些概念的理解和掌握。

再如学习地理中地球"自转"的概念，头脑中应想到"坐地日行八万里，巡天遥看一千河"的壮观景象。即想象自己坐在地球赤道某一点不动，地球自转一周，等于自己在宇宙中旅游八万里。向太阳的一面是白天，背太阳的一面是黑夜。这样一想，自转的概念就好理解了。

总之，想象力非常神奇，不仅是我们开发智力的重要内容，而且对我们提高学习兴趣，发掘知识的魅力都有非常重要的意义。愿中学生朋友们在年少时都展开想象的翅膀，在知识的海洋中尽情遨游。

高效锦囊

一切客观实体都是有形的，而它们存在的形式形状就是我们产生想象的基础。例如黄山的"猴子观海""迎客松"等，都是人们对客观事物想象的结果。每当我们看到一处奇景、一个特色鲜明的事物时都不妨想一想，它们像什么？它使我们想起什么？通过这样的训练，也能培养自己的想象力。

想象力训练方法

1.看书时，采用跳读方式；跳过的地方，运用想象力想象它的内容。

2.重视联想。如果开始联想，中途绝不要打断，要一直想到极限。这种飞跃性的联想是个好办法。

3.多进行幻想。幻想是创造想象的一种特殊形式，由个人愿望或社会需要而引起，是一种指向未来的想象。积极的、符合现实生活发展规律的幻想，反映了人们美好的理想境界，往往是人的正确思想行为的先行。

4.看看天花板的污渍或云朵的形状，然后在脑海中描绘出它的形象。不光只是做一次或两次，做了好几次后，就会出现效果。

5.在公共汽车或地铁车厢，看见某杂志周刊的广告，或是看了某本书的题目，便想象其中的内容，然后，与实际的内容做一次比较检查，如此一来，就可以充分地把握自己的想象力。

6.看过电视转播的运动比赛以后，想象第二天报纸的标题，以及报道内容。

第六章

提前学习：养成课前预习的习惯

　　课前预习是学习的重要环节，预习可以扫除课堂学习的知识障碍，提高听课效果；还能够复习、巩固已学的知识，最重要的是能发展学生的自学能力，减少对老师的依赖，增强学生的独立性，改变学习上的被动局面。

逐步培养预习能力

我们常常看到这样一些同学，他们学习很努力，一天到晚忙忙碌碌，有做不完的作业、改不尽的错题，时间总是不够用，学习成绩总是不理想。如何改变这种被动局面呢？办法只有一个，变被动为主动，变不良循环为良性循环。

学霸支招

（王月敏）

如果你在课前做了认真预习，发现了疑点，提出了问题，你已经做好了听课的一些准备，这样在上课的时候就会发现自己的注意力特别集中。因为你是带着问题来上课的，你是来向老师提问的，你是有意地要听老师这个问题是怎么讲的。这样的学习状态就是非常适合于学习的状态。带着问题上课，就能提前进入角色。相比之下，别的学生可能是心不在焉，而由于你注意力非常集中，上课所讲的知识你都能掌握，会产生学习的成就感，而这种成就感就能转化为独立自主学习的内在动力。因此，越是时间紧，越要抽出一定的时间预习。通过预习避免无效的活动，通过预习赢得学习的时间，通过预习改善学习效果。

学习被动的同学，往往是由于上课听不懂，而上课听不懂的直接原因是课前不预习。因为学习中缺少预习这一基础环节，而影响上课这一中心环节的质量。上课效果差，又涉及复习、作业等环节，使学习陷入被动局面。

除此之外，预习对培养自学能力也是一个重要方法。自学能力就是独立学习、独立获取知识和更新知识的能力。

一个人为什么要有自学能力呢？首先，自学能力直接影响我们的学习质量。如，在老师让同学们自己阅读教材回答问题时，我们就会发现，有些同学阅读速度快，对所阅读内容分析概括得既准确又全面。而有些同学则不然，不仅阅读速度慢而且回答问题时抓不住要点。前者是有自学能力的同学，他们的学习速度快、掌握知识所用的时间短、学习质量高。后者则是不具备自学能力的同学，结果相反。其次，在同学们的学习过程中，既包括以老师指导传授为主的上课环节，也包括课前预习、课后复习、作业、阶段复习等以自学为主的环节。因此，同学们在校学习虽然不以自学为主，但是自学是同学们学习中不可缺少的一部分。自学能力直接影响着预习、课后复习、作业、阶段复习等学习环节的质量。因此，要提高学习质量，必须提高自学能力。

高效锦囊

预习使我们有精力去考虑更深层次的问题。例如，当老师讲到预习时已经弄懂了的内容时，可以验证一下自己对知识的领会是否正确，可以向老师学习考虑问题的思路，看老师是如何提出问题、如何分析问题和解决问题的，学习老师的高明之处。

课前预习五步走

课前预习是最主要的一种预习方式，它的重点就是通过阅读教材，达到对新知识的了解、理解和掌握。

学霸支招

（张正为）

　　课前预习的任务主要是初步理解下一节要学的基础知识；复习、巩固、补习与新内容相联系的旧概念、旧知识；归纳新知识的重点，找出自己不理解的难题。课前预习方法主要是阅读教材，由于我们对教材的内容已有了初步的了解，因此，对老师上课所讲的内容和板书所写的内容，哪些是教材上有的，哪些是老师补充的一清二楚。记笔记，重点记教材上没有的或自己不清楚的，以及老师反复提示的关键问题。这样，就可以把更多的时间和精力用于听讲和思考问题上。

　　在进行课前预习时，同学们可以按以下五步来做。

　　第一步，认真通读教材，边读边思考，找出重点、难点和疑点，可以适当做笔记或批注。

　　第二步，利用工具书、参考书扫除障碍。

　　第三步，对不懂的问题进行分析，如果是由于旧知识被遗忘了或存在知识缺陷造成的要及时补救。对经过努力还不懂的问题记下来，等上课时听老师讲解。

第四步，读完教材后合上书本，围绕预习任务思考一下，教材讲了哪些内容，主要思路是什么，哪些是新知识，与新知识有关的旧知识是什么，还有哪些问题不理解，等等。

第五步，如果时间允许的话，可以试做一些练习题检查一下预习效果。

阶段预习是一种宏观性、综合性的预习，主要是了解总体知识的脉络和体系，因此宜粗不宜细。

高效锦囊

预习的方式是精细还是粗略，精细、粗略的程度如何，要在预习前想到。如英语每堂课语法单一、单词量少，只要稍做了解就行，但像物理这样的课程，逻辑性强，难度大，最好采用精细的方式预习。

阶段预习三方法

阶段预习是对某单元的知识体系进行了解，找出知识点及其联系，找出并研究新知识的重点、难点和疑点。

学霸支招

（赵聪锐）

在阶段预习时以章或单元为整体单位比较可行；而像史、地等科目的预习则可以截取某个相对完整的时代或相对独立的区域作为整体预习的单位。

经过这样的预习，可以使我们对某一部分学习内容的量、难度、编排方式等有大致的了解，做到心中有数，增强自信心。同时，还便于我们制订出科学的（短期）学习计划，协调各科的学习时间，提高对学习活动的预见性。

一般来说，阶段预习的方法主要有以下几种。

1. 单元目标法

单元目标法是指根据单元的学习目标和学习要求进行预习，预习后再对照目标要求检验预习效果。例如，可以利用教材中每小节前方框中的学习基本要求和每章后的"小结与复习"中的知识点、学习要求进行预习，再以它们为标准检查预习效果。

2. 单元教材研读法

单元教材研读法是指通过对单元教材的认真阅读，研究教材的重点、难点和疑点，达到对单元内容的整体了解，并能了解各章节在单元中的地位及其相互关系。

3. 图表整理法

图表整理法是指通过预习把涉及的概念、原理、公式、定理，用图表形式列出来，找出规律和联系。

〜 高效锦囊 〜

阶段预习是一种宏观性、综合性的预习，主要是了解总体知识的脉络和体系，因此在预习时花费的时间要比课前预习多，最好放在双休日预习比较好。

学期预习四要点

学期预习是指在新学期开始之前，通读整部教科书，粗略地了解新学期学习的主要内容。其主要任务是了解教材的知识结构以及明确本学期学习的目标和任务。

学霸支招

（沈然）

进行学期预习时要从整体上把握一本教材的知识结构，锻炼自己独立驾驭教材的能力，即学会自己分析教材的知识结构，自己处理基础知识，自己解答习题，从中培养自学能力。我个人的经验是，学期预习最好先选择一科进行，一是弱科，一是拿手科。初步摸索出一定的经验，再将此法推广到其他学科。

一般来说，学期预习的方法有以下几种。

1. 序言法

序言法是指通过认真阅读教材的序言，了解教材的内容、结构、重点、难点等内容的方法。

2. 目录法

目录法是指通过阅读目录，了解教材的内容和结构。

3.浏览教材法

浏览教材法是指在认真阅读序言、目录的基础上，粗读整本教材，了解教材内容的概貌。

4.教材分析法

教材分析法是对整册教材进行归类和写教材分析。例如，语文教材的教材分析主要有以下几个部分：列生字表、列生词表、语法知识归类、列文学常识表、习题归类表、写出单元分析等。

⌐ ∿ **高效锦囊** ∿

学期预习的目的不在于精确地掌握细节知识，而在于全面把握教材的结构。预习完一科后，应初步掌握基本概念及教材的整体知识结构。当教师讲到某一知识点时，只要你能明确这一知识点在知识结构中处于怎样的位置，就达到预期的目的了。

加深预习的印象

预习的关键是要真正学进去，有些同学很随便地看看书就说预习完了，这样的预习几乎没有什么效果。因此，为了加深印象，时间充裕的同学最好将预习分成两步走。

学霸支招

（宋天奇）

预习最好分两步，即预习两遍，看自己在不同的时间里对同一问题是不是有不同的看法。再来听老师的讲解就会使认识深化两次。时间间隔以一天为最好，在时间充裕的情况下可以提前查阅资料，对将要讲的知识做到心中有数，也能增加学习的信心，如果时间较少，也可以大概地学习，但绝对不能一无所知，冒冒失失地就去听课，那样效果不会好。

宋天奇同学的这个预习经验有些地方需要解释。

1.每次预习的时间掌握在30~40分钟，即约一节课的时间。这一点，似不必拘泥，完全视预习的对象和自己的时间而定。预习的功课难，自己的时间多，那么预习的时间也就不妨长一点；预习的功课易，自己的时间少，那么预习的时间就不妨短一点。比如一位同学在总结自己的学习时就说："20分钟的预习，改变了我学习被动的局面。"

2.预习两遍，间隔一天。比如，对化学卤素这一单元内容，周三用30分钟预习一遍，周五再用30分钟预习一遍，这样到了下周老师讲到这一单元的内容时，就能够更深地理解老师所讲的内容，更准确地把握难点、重点。

3.如果时间充裕，应多查课外资料，将预习引向深入；如果时间较紧，也至少应大致翻翻。不应不经预习一无所知就去听课，那样学习效果不好。

⌇ 高效锦囊 ⌇

预习的重点，应该放在自己的弱势科目，或者是某些课内听课任务重、非得靠课前预习来辅助完成听课任务的科目。也就是说如果不预习，听课就很困难或者效率低的科目，就一定要安排预习。反之，如果不预习，听课也能很顺利，收效高，则不安排预习也无妨。

预习要因科制宜

大家都在预习，但为什么有的同学效果明显，而有的同学却不见成效呢？其实，这主要还是方法的问题。最重要的是，预习应该根据不同类型的科目来选择不同的预习方式。

学霸支招

（刘志强）

要想提高你的学习成绩，必须牢牢抓住预习这个关键环节。但怎样才能提高预习的效率呢？就我个人的体会看，预习的任务实际上至少包括两个方面：一是标明不懂的地方，二是记住基本的框架。不少同学只完成了头一项任务而忘记了第二项任务，预习的效果当然就不太好了。还有最重要的一点是，预习应该根据不同的课程因科制宜。

在预习不同的课程时，应注意以下两个方面的问题。

1.如果这堂课偏重概念或定理，那么我们把书上的内容通读之后，首先应该回想一下，这节中有几个概念、几条定理，它们都说了些什么？如果还不清楚的话，就应该再仔细地阅读，不能怕"浪费时间"。等把这些问题都弄清了，再结合书中的例子，对每条定理、每一概念逐一进行剖析，加深理解。值得注意的是，定义都是用最精练的语言写成的，抽去或者忽略其中任何一句话，甚至一个字，都可能歪曲其本来面目或者产生理解上的错误。所以，预习时对这些定义应该逐字逐句地进行分析。

2.如果这堂课是做实验，那么我们首先应该了解本次实验的目的和要用的器材。其次是要了解实验步骤，一边看书，一边在脑子里进行"实验"，尽力想象每一步骤中会出现什么现象，这些现象可以用哪些定理、定律来解释。对于书上指出的一些注意事项，我们也要想一想，为什么要注意这些问题？反之又会如何？这样可以提高实验的成功率，也可以加深对实验的印象。

高效锦囊

　　适度的预习应该是：重温相关知识，扫清听课障碍；大致了解新课的内容和思路；找出疑难问题和需要深入研究的问题。

适用于文科的"提纲预习法"

提纲预习法就是把所学的内容列成不同形式的提纲，提炼概括为有逻辑联系的纲要结构，使之脉络清晰，层次分明，文字精练，观点突出，便于掌握章节大意和中心思想，非常适用于文科的学习。

学霸支招

（刘小溪）

预习时把重点画出来，这只是第一步。有的科目像历史、地理、生物、政治等，还可以运用提纲预习法，以增强预习的效果，加深理解和记忆。

下面，我们以历史课的"战国、秦、汉"单元的第一章第一节《商鞅变法和封建制度的确立》为例，来详细介绍一下提纲预习法：

第一个问题：战国七雄（略）

第二个问题：商鞅变法（提纲列法如下）

（1）背景

∨土地所有制改变，封建经济要求发展

∨各国相继变法，公元前359年秦孝公任用商鞅实行变法

（2）内容

∨废除井田，承认土地私有

∨奖励军功，废除世袭特权

∨建立县制，实行中央集权

∨奖励耕织，禁止弃农经商

（3）意义

∨打击了奴隶主贵族，壮大了地主阶级

∨确立了封建制，奠定了统一基础

第三个问题：封建制度的确立（略）

通过上述提纲预习法我们可以看到，每一课的预习根据情况都可先立若干大提纲。如上例，根据课文可列出"背景、内容、意义"三个大提纲，然后再在每个大提纲下列出若干小提纲。

提纲预习法层次分明、脉络清晰，既容易理解，又便于记忆。应该说，这种预习法对历史、地理、政治等文科的学习备考确实效果不错。

高效锦囊

因教材的目录仅列出每课的名称，比较粗略，预习时不妨将每课下的小标题抄下，编成"补充目录"，以利于对学习内容的层次感的把握。

预习应该"三遍过滤"

在进行预习的同时，还要注意过滤，就像过滤纯净水一样，层层过滤，最后省下的自然是最有价值的东西。

学霸支招

（徐岸汀）

预习有一种很好的三遍过滤法，现在拿出来与大家分享。这里的三遍过滤是一个去粗取精的过程，经过层层筛选，将预习课文中的重点、难点、疑点挑出来，第二天带着问题去听课，必然能提高学习效率。

下面，我们以语文为例具体介绍一下如何运用三遍过滤法来预习。

1. 准备词典一本，然后进行第一遍粗淘

第一遍要求不高，只需淘去生词，把课文读通。在阅读时，遇到生词或生僻的字就翻阅词典，除弄清词义、会读会写之外，还要思索它的近义词和反义词，最后用这个词造句，就能将这个词彻底弄懂了。

2. 第二遍，要求读懂课文，弄清它的脉络

首先给课文分段落，试着概括出大致意思。其次找出一些自认为写得精彩的词句加以体会，用老师平时分析词句的模式简析一遍，看看到底好在哪里。对于一些意味深长，自己弄不清的词句，就要及时向老师请教。最后还要把握课文的写作特点。这样，学的课文多了，自己构思作文的能力自然就提高了。

3. 第三遍，要精心筛选，去粗求精

先自己体会作者写某篇文章的用意，然后参考一些资料，弄清写作时间及背景，体会作者要反映、揭露或抨击、赞美的某些东西，然后概括文章中心。再从文中找出一些细节描写，根据中心，想想它们在文中的作用。

如此这般，对中心就有了更深入的理解。这样是整体理解的一步，综合能力运用的一步。如果能轻松越过，那对其他文章的理解就能驾轻就熟了。

可以看出，预习也要像沙里淘金一样，筛得越细，最后的收获也就越大。

～◇ 高效锦囊 ◇～

预习的结果，应该写成笔记，以便上课时有所依据。做预习笔记的方法，可以根据自己的情况，不拘一格，灵活多样。

数学预习的方法

预习课文

逐字逐句地阅读下一节课的授课内容，弄清中心问题，明确目的要求，力求了解新知识的基本结构，从总体上做概要性把握。

预习定理

找出定理的条件、结论，分析定理的使用环境及证题的类型，尤其注意条件的严密性，若有条件减弱会有什么结果。

预习公式

抓住公式的结构特征、使用条件，了解公式的求解对象，思考能否对公式进行变形，变形后有什么新的功能。

预习例题

思考例题考查哪些知识点，例题使用什么样的解题方法与技巧。

自查疑难

数学知识连续性强，前面的概念不理解，后面的课程无法学下去。预习的时候发现学过的概念不明白、不清楚的，一定要在课前查阅有关内容搞清楚，力争经过自查不留问题。

第七章

温故知新：养成及时复习的习惯

　　曾有人将不善于复习的学生比喻为只知道低头赶路的车夫，不知道往后看，结果车上的东西掉完了也不知道。由此可知，学与习是不同的。学，是指学习新知识；习，是指复习旧知识。为什么学了，还要习呢？因为知识是会遗忘的。不复习，学到的知识就会忘掉。正是遵循这样的学习规律，我们的中学生一方面要学，另一方面也要习。有一位高考状元甚至认为，学习成绩一分高下的关键，往往就在于复习质量的好坏。

课后及时复习

课后两分钟迅速把当堂内容小结一下，胜过半月后一天的复习。捷克教育家夸美纽斯形象地比喻：课后不进行小结就犹如把水泼到一个筛子里一样。

学霸支招

（周亚峰）

我每次课后用两分钟将上课内容回忆一遍，这对消化课堂知识非常重要。45分钟一个课时，随后休息10分钟，这就给我们课后及时回忆所学内容提供了时间。但是，大多数同学都没重视或忽视了这个环节。其实，每次课后只要用两分钟将所学内容回忆一遍就可及时了解自己对课程内容的掌握程度，回忆不出的可及时翻书或问老师和同学，这样就巩固了所学内容。所以切不可忽视"课后两分钟"，这两分钟被称为"黄金两分钟"，对提高单科学习效率非常有用。

也就是说，学完一节课，要及时总结。这节课的学习重点是什么，哪几个知识点掌握了，还有哪几点比较模糊。这样一来，知识得到了强化，不清楚的地方可以及时想办法补救。

课后小结一般可以从以下几个方面去进行。

1.回顾一堂课从头至尾的过程，这节课的主要内容是什么，老师开头是怎样引入的，中间是怎样引导分析的，最后是如何总结归纳的，弄清来龙去脉。

2.合理评价老师的思路。在厘清老师思路的基础上，思索老师用了哪些思维方式，思维过程怎样。

3.概括出本节课所学的知识要点，并将它纳入自己头脑中已有的知识结构，以使你的知识结构融会贯通。

高效锦囊

课后总结的时间不宜过长，简单地概括出上节课所学的知识要点即可，如果时间过长，思维一直停留在上节课的内容中，会影响自己下节课的听课效果。

每天的功课要定时回顾

复习并不是非要在书桌前苦读，如果每日临睡前躺在床上将当天的知识过一遍电影，这样的复习效果也非常好。

学霸支招

（吴旭）

我是住校生，每天晚上学校到10点准时熄灯。可如今功课这么多，晚自习做作业都来不及，哪还有时间复习？后来我想了一个绝妙的办法：躺在床上想着复习，即一节课一课地想知识要点。

就是这样，我将每天的功课在脑子里过一遍电影，大约也就花30分钟的时间，似乎比在家复习的效率还高，效果还好。每天想完，我都如释重负，带着满足和微笑进入了梦乡。

下面，就是吴旭同学某一天的复习过程。

上午，第一节课，数学，讲了对数函数和分段函数。对数函数是指……分段函数是指……

第二节课，语文，讲了几种新体裁的作文。第一种是……第二种是……第三种是……

第三节课，体育。

第四节课，英语，今天讲的是第2单元第一课，试着背一下课文……

下午，第一节课，历史，讲法国大革命。主要讲了背景、过程、意义三大块。有几个年代，几个人物要记……

第二节课，自习。今天考了一张化学卷子。100分的卷子得了92分。失去的8分，一是化学式写错了几个，二是计算错了一处。

第三节课，自己做作业，有两道题不懂，记得去问老师。

……

所以，不要埋怨没有时间复习，这种过电影式的复习方法并不占用你平时学习的时间，大家可以借鉴一下。

高效锦囊

其实，"过电影"复习法并不是一定要住校生或躺在床上才能用。如果你回家要坐公交车，在等车、坐车的时候同样可以将今天才学的知识在头脑中过一遍。

复习要有针对性

复习一定要有针对性，这里的针对性，不仅是指复习内容与考试之间要有对应关系，而且指所采取的复习方法与所复习科目之间的对应关系。可以说，没有科学的方法，就不会有理想的效果。

学霸支招

（梅艳青）

每学科都各有其特点，有的以记忆为主，有的以思考为主，有的介于两者之间。所以在复习备考的时候，一定要根据其不同的特色，选择不同的复习方法。

语文要多阅读，注重平时积累；外语我非常注意积极参与课堂互动，很难背的单词就放到语篇里去感悟，多运用就不容易忘记；数学要多总结方法，寻求规律，千万不要搞题海战术，会得不偿失；物理也许很多人觉得很难学，其实如果你能感悟到物理原理和规律，你会发现物理是一个很有魅力的学科，有了兴趣就愿意思考，自然就能够学好；化学是理科中的文科，记忆加归纳就是秘诀。

确实如此，复习时要针对各个科目的不同特点来灵活进行。以数学这一学科为例，这是一门需要动脑筋，思考性比较强的科目，如果你以为只要在复习时记住了公式、公理，了解了例题的解法和答案，就能够学好数学，那就大错特错了。

学好数学，掌握公式、公理是必须的，但掌握不是机械地把它背下来就可以了，而是要活学活用，一般的老师不会要求你一字不差地把公式、定理背出来，他会更看重你如何用这些公式、定理解答各种各样的问题的能力。

由此可见，灵活自如地运用公式、定理去解题是复习物理、化学、数学这些理科学科的关键。

在各学科的分类之中，生物也是属于理科的，但它的学习方法却与数理化截然不同。因为在生物这门学科里，记忆的分量要比理解的分量大许多。

数理化这三门学科的一个共同特点就是与实践联系得比较密切，也就是说一条公式或定理，必须经过做题，进行许多次练习以后，才能扎实稳固地掌握它，因此，这里的复习要注意动手的能力。生物则不同，要复习好生物，就必须对所学过的知识进行总结、归纳，根据"至少要记住什么知识"这样一个大体的轮廓，一点点地往树干上增加枝和叶，以达到全方位掌握的目的。

高效锦囊

复习的首要任务是巩固和加深对所学知识的理解和记忆。首先，要根据教材的知识体系确定好一个中心内容，把主要精力集中在教材的中心、重点和难点上，不真正搞懂，决不放松。其次，要及时巩固，防止遗忘。复习最好在遗忘之前，倘若在遗忘之后，效率就低了。

复习时要注重基础知识

在复习时，有些同学一味地追求重点，这其实是一种误区。要知道，复习时的重点是在经过全面掌握基础知识的基础上总结出来的，一味求重点只能导致挂一漏万。

学霸支招

（赵旭照）

　　谈到复习，我的经验是注重基础知识，尤其是到了冲刺阶段，不钻研难题、偏题，而是巩固基本方法。有的同学不愿意多下功夫，总想搞点什么窍门少复习一点，自认为不重要的就不复习，而自己的主观猜测又往往与考试的重点不相吻合。常常听到有的同学在考试后说："我复习到的都没有考，恰恰考到一些我没有复习到的。"这种挂一漏万的复习，自然不会取得好的成绩。即使有的同学偶尔押上了题，得了高分，也是侥幸，凭小聪明应付考试，抱着投机取巧的心理参加考试，只能是自己骗自己，到头来只能是一场空。

　　赵旭照同学说得没错，中学阶段学习的重要任务是掌握基础知识和训练基本技能，也就是平时大家常说的掌握"双基"。高考考题的形式和角度可以千变万化，但万变不离其宗。也就是说知识在课内，题目在课外。根据这个特点，复习首先要求全面落实每一个知识点，不留疑点和空白。临考复习的预测考点，把握方向，强化重点知识的记忆和训练，都是建立在这个基础之上的。

会学习的同学，在平时的复习中就已经完成了对各类题型的训练与分析，对作业中错误的彻底清理，对各学科知识重点与难点的透彻理解。到了临考复习时，他的重点就可以放在对知识的强化记忆上了，如重要的概念、公式、原理、定理和结论，重要的词汇和语法规则，等等。或者可以站高一步，强化对学科知识体系和各部分内容相互联系的深入理解。对于一些准确性要求较高的记忆材料，考前不进行强化记忆，是不会有清晰而准确的印象的，而这些材料恰恰是应试答题的基本依据。

所以，同学们千万不要迷信所谓的"重点"，真正的重点都是建立在全面复习的基础之上的。

高效锦囊

复习时采取单科集中的所谓"攻坚战"，内容单一，容易造成大脑疲劳，降低记忆力。因此，复习期间，要多学科、不同内容交叉进行，做到一张一弛，多科并举。

善于总结，使知识条理化

在复习中，善于总结，并且使知识条理化、系统化是非常重要的。

学霸支招

（求芝蓉）

　　我是比较善于总结方法和技巧的学生，老师也非常注意培养我们这方面的能力。比如政治老师就经常告诉我们要"根据课本目录来总结答案"，也就是要通过课本目录熟悉知识结构，让知识点对号入座，这样做题目时才能抓住考点不遗漏。我复习大多是跟着老师的节奏走，比较注重老师总结的学习方法和技巧，然后加进去自己的理解，转化成自己的东西。

　　由此可见，总结在复习中非常关键。先说知识的总结，不论是理是文，不会总结的人无法融入、适应高中学习。总结，也不是一朝一夕的事情，要从一入高中就开始，学一点做一点，可以根据老师的建议或做过的习题列出一些专题，如：数学中的"由递推式求通项公式""椭圆中的角的问题""复数在解析几何中的应用"等。先收集、归纳出这类问题常用的知识点、公式、类型和解法，再附上一些习题，尽量找一些经典、有普遍代表性的题目，帮助理解和说明。

在文科中，总结的作用则更加明显。到高三的后期，求芝蓉同学的文科总结笔记大约有20本。历史主要是一些专题：古今地名对照，中国古代各少数民族简史，印度史，中国现代著作简表，等等。这样的总结可以集零碎为整体，不但全面，而且便于记忆，效果不错。

～ 高效锦囊 ～

古语说："学然后知不足。"怎样才能知不足？那就需要及时地、不断地进行学习总结与自我评价。经过总结评价，知道自己的进步，又知道自己的不足，才能够在现有基础上不断学习进步，从一个高度达到另一个新的高度。

"旧路新探"复习法

由于复习时所接触的都是以前学过的知识，难免会有枯燥感，这时，如果能从旧知识中找到新感觉，自然就会增强复习效果。

学霸支招

（李娜）

在复习中，机械、单调地重复同一知识，往往使人生厌。老师曾告诉我们一种"旧路新探"的复习方法。就是适当变换复习顺序，采用"顺逆交错"的方法来进行复习，这样就能给人新鲜感，也容易有新的发现，增强复习效果。

运用这种"旧路新探"法有三个步骤。

第一步，逆思

复习时从教材最后的章节开始，从尾到头地逆思，默忆一遍教材的主要内容，溯本求源地探索它的知识脉络。

第二步，顺读

由头至尾地依顺序读教材。由因求果，厘清它的内在联系及发展线索。

第三步，顺逆交错思考

上述"顺读""逆思"反复多次，交错进行，这样执因求果、溯本求源地交错思考，极有利于掌握教材的结构特点，弄清知识的来龙去脉，既能巩固深化理解新学知识，又能厘清思路，学习思考方法，独立探索问题。

同时，运用"旧路新探"法复习时还要注意以下两点。

1. 读思结合

逆思与顺读要互相照应，对记忆不牢的内容，再读时要重点复习，强化记忆，复读不懂的问题，要叫"暂停"，多思深究，及时解决。

2. 贵在出"新"

这种复习不能只满足于回忆起所学知识，而要透彻理解，融会贯通，力求有新的体会。复习中还要不断增添新的信息，把过去学的和今天重看的感受、认识加以比较、分析、提高，发挥思维的灵活性和创造性，求得每复习一次都有新收获、新创见，充分发挥"温故而知新"的"知新"作用。

高效锦囊

复习不应是机械地重复，除了背诵、抄写之外，还可运用自我提问、举例说明、比较分析、材料对照、绘制图表、编写提纲、做练习题等多种方式。

复习要以课本为根本

在预习、听课等各个环节，要读课本，在复习这个环节，也同样要读课本。课本，就仿佛是复习中的"根据地"。

学霸支招

（鄂炎雄）

在复习备考时，我喜欢琢磨教材，一旦抓住了教材的脉络，学起来会豁然开朗。其实教材里的知识是最基础、最实用的，把这些掌握了，比看一些教辅书效果更好。

教材上有所有学生应该掌握的基本的定义、定理和推导所用的基本方法。题目应当在书看好消化好之后才开始做，做作业也是如此。照着书上的证明抄或是不加考虑地乱套公式，又怎么能收到良好的学习效果呢？

老师经常说，课本上的知识是很重要的，它代表着基础知识中的精华。但仍有很多同学拼命看课外书却忽略了对书本中知识的学习。

书本可以从厚读到薄，第一次看到的时候属于接触新事物的阶段，机械地学完每一小节，便觉得该学的和已学的、将学的都很多，知识杂乱无章，像自由电子一样；第二次读书时又会发现思路渐渐清晰，每一节间的过渡知识也渐渐显示出来，这时就基本上可以滔滔不绝地说完整书的内容。虽然只有一个大框架，但感觉上就是自由电子外加了一个磁场，电子开始变得整齐、有序、定向移动；第三次看书时，又会发现很多新鲜有趣的东西，这是因为我们做题的时候产生了很多疑问。我们一直在思考这些疑问，现在突然在课本上找到答案了，自然觉得兴奋。随着疑问的增加，发现的东西越来越多时，我们又情不自禁地感叹，这本书实在太厚了，每读一遍，都有新的收获。

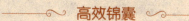

高效锦囊

课本不能局限于看，要心、眼、手同时调动，用心领会，用眼观察，用手演算并及时记下自己的思维火花。

高效使用参考书

在复习备考时，有的同学手里有了很好的参考书，却不知怎么用，这里就有一个高效利用参考书的好办法——先删后做，先做后想。

学霸支招

（李彦铭）

关于参考书，一定要选好，切忌浪费时间在一些冗滥的参考书上。一般来说只要做好各科老师推荐的那一两本就行了，其他的就真的只是"参考"了。但在这一两本之中也要有所选择，追求效率。我做题呢（数学），一般是先看，太简单或无意义的就删掉，再从头用最快速度做一遍，太难的先不做。过几天再把做错的和没做出来的题好好做一遍。还有做不出来的就放在手边，有空就拿出来想。实在做不出再和同学讨论解决或者直接琢磨答案。

这样，我对不熟悉的解题方式和出题思路才能烂熟于心，对容易出错的知识点也认得比较清。最重要的还是省时间，人家一单元还没做完，我已经做完两单元了，虽然有好多空着的。

显然，李彦铭同学利用参考书的办法是分两步走：

第一步，先把参考书中不必做的题删掉，然后再做未删的题；

第二步，先尽力去做题，做完题后再仔细思考较难的题。

通过这两步，李彦铭同学达到了三个目的：

第一，熟悉了原本不熟悉的解题方式和出题思路；

第二，对容易出错的知识点也认识得更清楚；

第三，节省了时间，提高了效率。

记住，掌握了这个方法，你就能将参考书的作用真正发挥出来。

高效锦囊

参考书上的三类题不必做：已经掌握了的题型不必做；超出高考大纲的题不必做；太简单的题不必做。

考前复习要订计划

有些同学平常非常放松，只是到了即将考试的时候才复习。这种临阵磨枪的方式我们当然不提倡，但是，这并不是简单地否定考前复习的重要性，下面我们所要介绍的就是一些考前强化复习的经验和方法。

学霸支招

（杨文良）

无论是学期考试，还是毕业、升学考试，由于考试的时间集中，考试的科目较多，每到这时，许多同学经常是手忙脚乱，焦头烂额。面对众多的复习内容，不知从何入手。看见别人复习数学，自己也拿出数学书复习；看见别人背诵政治复习提纲，自己也跟着背诵政治。"东一榔头西一棒槌"，搞了半天连自己也不知道记住了什么东西。临考之前常常可以看到，有些同学上学走路时在看书，乘车时也在看书，表面上看这些同学似乎学习很用功，其实这是最为典型的"事到急时抱佛脚"的表现。其实我并不反对临阵磨枪，关键是如何把枪磨得又快又好。制订一个短期复习计划是一个不错的选择。

确实如此，考前复习时间虽然不长，但由于复习内容繁多，必须有一个合理的计划和安排。对于毕业和升学考试复习，即使原已制订了系统的复习计划，但由于临考复习与前段系统复习的要求不同，也应该有一个考前的安排，做到计划与短安排的相结合。只有这样才不会在紧张的考前复习中常常为时间和科目的安排而犹豫不决，才不会因复习打乱仗而完不成复习任务，或是做一些不必要的重复劳动了。

这个短期的复习计划应安排得科学、合理，如文理科复习内容宜交替安排，需要强化和记忆的内容宜安排在早晨和晚上；在个人每天的生物节律"高峰期"，安排重点的复习内容；而在自己情绪和精力的"低谷"，安排次要的复习内容或安排娱乐与休息。可以列出个时间表，合理分配各科复习时间，避免出现厚此薄彼等偏科的现象。

∽ 高效锦囊 ∾

短期复习计划应明确重点，分清主次。计划应尽可能安排得细一点，包括复习科目、内容及时间，力争做到在固定的时间完成规定的复习科目和内容，不打折扣，以确保复习计划的全面落实。

高效利用平时的试卷

对于那些善于学习的同学来说，他们一早就养成了重视每次考试、善用每张试卷的好习惯。这里的重视，并不是指对考试分数、名次的看重，而是对这些试卷的妥善管理和高效利用。

学霸支招

（周嘉炜）

在谈到自己的学习经验时，周嘉炜重点提到了"试卷"这个很多同学都不重视的学习工具。他说："考前的一段时间，我妈妈就把我整个初三的试卷都整理出来了。我把试卷细细看了一遍，尤其是不放过自己做错的题。"

因此，同学应学会利用好"试卷"这一有效的学习工具，让它们为自己的中考发挥最大的价值。

那么，如何管理并利用好这些卷子呢？有一个方法就是：将所有的卷子整理成"卷宗"。

"卷宗"，是借用档案学的一个名词。你应该如同管理机要档案一样管理你的卷子。这需要做以下几步工作。

第一步。每学期末将所有卷子分科一张一张整理好，缺的可以找老师要，找同学借了复印，尽量补齐，以保证"卷宗"的完整性。

　　第二步，如果愿意花点钱，可以去买现成的文件夹；如果不愿意花钱，可以自己动手给每个卷宗做个封皮。

　　第三步，为每一"卷宗"做一个目录，放在每一卷宗的首页。如果是自己做的封皮，甚至可以就贴在封面上。举一个例子：

初二数学卷子目录

　　　　①入学考试卷…………3月5日，87分

　　　　②三月月考卷…………3月24日，91分

　　　　③期中考试卷…………4月22日，92分

　　　　④代数复习卷…………5月8日，86分

　　　　⑤几何复习卷…………5月27日，88分

　　　　⑥五月月考卷…………5月31日，90分

　　　　⑦总复习卷之一……6月7日，90分

　　　　⑧总复习卷之二……6月22日，89分

　　　　⑨总复习卷之三……7月2日，91分

　　　　⑩期末考试卷…………7月14日，92分

　　请看，目录部分至少应包括顺序号、试卷名称、日期和成绩等。如此看来，一目了然。

高效锦囊

　　卷子整理好了却丢在一边从来不看，那是白费整理的工夫。卷子一定要不时翻看，并在上面用自己的方式加注符号。

对试卷分类整理，重点分析

知识贵在融会贯通。对试卷的利用，也贵在与别的信息源联系起来。

那么，如何高效利用试卷呢？将其与笔记结合在一起就是一个不错的方法。

第一，把老师的讲解记录在卷子上。比如有的题做错了，就把正确答案记在边上。有的题做对了，但还有其他解题方法，也可记在旁边。这样卷子就成为错题笔记和难题笔记了。

第二，每隔一段时间，或是模拟考试前，将这几大本卷子拿出来浏览一遍，重点去看有记录、有记号的地方。

这样，就使每一张卷子都发挥其最大的效用，同学们对卷子上的题目也都能真正消化理解了。

另外，不妨将试卷与教科书联系起来。

第一步，把试卷依照教科书的顺序整理好，并编上顺序号。因为考试基本是按教材走的，所以整理起来应该并不费劲。

第二步，在试卷的开始处写上一段"导语"。"导语"的主要内容有二：一是说明此试卷考什么，二是与考试有关的知识要点。知识要点不必写得很详细，甚至可以只给出一个出处。

第三步，在试卷结尾处，写上一段"小结"，总结自己的考试情况，如果考得不理想，写出自己在知识上的缺陷。

经过这三步，试卷就改造成教科书了。

高效锦囊

考前一两天，拿出你最近考过的10套、20套语文试卷，一份一份，从头到尾地看，从题目到答案都看，重要的地方要仔细看（比如出现率高的语音、成语题目等。）不重要的地方也要看，看出感觉来才好（比如不可能雷同的科技文、文言文、现代文阅读和作文题目等。）

考前复习重点记忆法

中考、高考来临之际，许多同学仍习惯采用面面俱到的复习方法。其实，中考、高考涉及内容再广、面再宽，也不会把整本书都包括进去；另外，从知识体系来讲，把握重点也是把握全局的关键，只有对重点内容重点复习，才能对细节问题产生更好的理解和认识；最后，从记忆过程讲，重点记忆有利于把握整体格局。需要指出的是，重点记忆必须以全面复习为前提。记忆内容不能以点代面，以偏概全。一般来讲，复习或记忆重点包括下列内容。

① 考试大纲所要求的内容；

② 考前老师着重复习的内容；

③ 考试和作业中出现的薄弱环节；

④ 每段章节中的难点和关键点。

具体做法是：首先列出每章内容的重点，及时复习、反复强化；其次解决本章内容中的难点和自己的弱点；再次是针对重点内容的重点题型多做练习反复强化；最后将自己复习的重点内容与考试大纲要求的内容作比较，以大纲为指导，力求全面。

第八章

勤学多练：养成正确做题的习惯

　　做题可以加深对知识的理解和记忆，实际上，不少学生正是通过做题，把容易混淆的概念区分开来，对事物之间的关系了解得更清楚，对公式的变换更灵活。可以说做题促进了知识的"消化"过程，使知识的掌握进入应用的高级阶段。做题可以提高思维能力。面对习题中出现的问题，就会引起积极的思考，在分析和解决问题的过程中，不仅使新学的知识得到了应用，而且得到了"思维的锻炼"，使思维能力在解答问题的过程中，迅速得到提高。由此可见，平时的做题只是手段，终极目的是积累做题的方法技巧，培养自己思考问题、分析问题、解决问题的能力。

重视做题的质量

学生学到的知识究竟有没有领会，有没有记住，记到什么程度，知识能否应用，应用的能力有多强，这些学习效果问题，要在做题时才能得到及时的检验。

学霸支招

（王璇）

说到做题质量，就要说到方法了。有方法，做1道题顶得上别人做3道题；无方法，做了3道题才顶得上别人做1道题。效果差得不是一点半点。

那么，如何才能达到王璇同学所说的做1道题顶别人3道题的效果呢？下面来介绍一种"做题四项基本原则"的方法，这是很多高考一线教师在多年的实践中摸索出来的一套方法，具体内容如下。

1. 不要对所有的题"一视同仁"

善于学习与不善于学习的同学之间最大的区别之一，就在于善于学习的同学善于抓住最重要的信息，他们对某些题如高考题会做了又做，反复琢磨。对某些题如参考书上的题，会大略一翻就过去了。而不善于学习的同学往往胡子眉毛一起抓，一视同仁，高考题做一遍，一般考卷的题也做一遍。如此尽管题没少做，但效果却未必好。

2. 会做了就不做，做不会做的

"什么不会就做什么，什么会了就不做。"这真是简单得不能再简单的道理。或许有同学会说，这算什么经验？先别忙着下结论，事实上，有多少同学就是忘记了这个简单的道理，什么不会就不做什么，什么会了却还做什么，浪费掉高考前宝贵的时间。

3. 做过的题要整理

有些同学做完了题就一扔，而善于学习的同学，却会很珍惜自己做过的题，他们知道，这也是自己的"劳动果实"。他们会分门别类地将自己做过的题目按需要整理成册。

4. 整理后的作业要不时翻看

作业整理好了，应该如同课本一样置于案头，不时翻看。否则整理得再好，又有什么意义呢？

～ 高效锦囊 ～

老师把作业批改发回来之后，一定要尽快翻阅，认真分析。对做对的题目，想一想是采取什么样的思维和方法做对的，以后遇到类似的题能不能触类旁通；对做错的题，要找出做错的原因。

题目要精选精做

对于深陷"题海战术"而不能自拔的同学来说，要记住一句话：题贵在精而不在多，没有质量做再多的题也没用。也就是说，做题要善于精选、精做。

学霸支招

（林涵）

我在学习中，采取精选、精做的原则，附以题后思的方法，收到了良好的效果。精选，是指在众多的习题册中选出最适合自己实际情况的一两本，细心做完。精做，是指细心做完所选的练习册后，用心体会练习册内的知识体系，了解作者的侧重点以作参考。所谓题后思，就是在每次做完一道题后，花一定的时间用于回顾刚才做题时的思考方式，思路的形式，以及思维为何在某处出现障碍，之后如何解决的。刚开始做题后思的时候，可能会很慢，但随着不断重复使得速度不断加快，最后每次只需花费10到20秒的时间而已。

将林涵同学的经验具体来说，就是在做题时要注意下面几个问题。

（1）想一想，该题考查什么知识点？

（2）回忆一下，以前是否碰到过类似的题？

（3）此类题通常采用哪种可行方法？基本思路如何？思考如何寻找其突破点。

（4）反思推导过程是否合理，逻辑是否严密，所考虑的情况是否全面等。

（5）检查得到的结论是否合乎逻辑，与预期的结果相差大不大。

（6）最后总结此题是否有价值，有什么价值。将对自己日后有帮助的部分记牢，以便提高自己的解题能力和反应速度。

高效锦囊

题后思考的习惯是能够提高知识熟练程度，加深思维深度，增强自己思维严密性的一种行之有效的方法。

不要提前看答案

在做练习题的时候，如果你遇到了困难，千万不要提前看答案，否则就是在白白浪费时间。

学霸支招

（赵娜丽）

以前做题的时候，一遇到难题就头疼，恨不得自己能遁形于难题之前，不给自己创造与难题碰面的机会，如若"不幸"遇到，马上请出解救专家——答案，看了一遍后，顿悟原来是如此如此再如此，这简单，拆开了我都懂，回头再碰到这类题，还是再次搬出看家本领，再请出参考答案，久而久之，只对简单的习题有应对能力，而面对难题，大脑就迟钝多了。

后来，我一改往日做法，摒弃了知难而退的不良习惯，开始迎难而上，碰到难题先不慌，抑制住自己想看答案的欲望，把整个题从头到尾进行分析，有理有据，先拿出主干，想出解题的整体脉络再往上添枝加叶，争取把它攻下来，这时候心里真是六月天喝雪水——爽极了。

确实像赵娜丽同学说的那样，做题时提前看答案有很大的弊端，容易让人养成懒惰的毛病，不想动脑，难题来了，直接找答案了事。那么，当我们面对难题时该怎么办呢？下面我来介绍几种面对难题时的应对方法。

1.尽力在大脑中搜索以前是否做过类似的题，哪怕是有一点点类似的题，都应抓住，这也许就是解答此难题的突破口。

2.实在答不出来，就索性放在一边，先做别的事，过一段回过头来，也许思路就打开了。

3.还想不出来，只好看答案或解题过程的最初一两步。一有启发，就不要往下看了，自己想。

～ 高效锦囊 ～

参考答案通常只给出一种较为便捷的解题，而一道好题的解题方法往往有多种，这就要求我们思路要开阔，不能紧盯住一点不放，或许有些方法会走很多弯路，但这也是有很大好处的。

时刻关注做题的过程

在做题中，有些同学只关注结果，答案对了就行了。其实，在过程中领悟各种解题思路和方法才应该是你做题的目的。

学霸支招

（池跃洁）

　　说一下数学思想和数学方法的问题。其实，那些说起来比较"玄"的思想和方法需要的恰恰是在做题过程中经验和教训的积累，多种方法的比较，答案带来的启示等。所以大家一定要重视做题的过程，特别是做题之后一定要思考，这个思考的过程就是数学思想和数学方法形成的最重要的阶段。做错的题，用一个本子记下来仔细想为什么会错，错在什么地方，这样便会对错的地方有一个深刻的印象。

　　池跃洁同学的意思是说，你只有时刻关注做题的过程，不要只关注答案，才是真正掌握有效的解题技巧和方法。没有做出来的题，在思考的过程中，一定要问自己：1.为什么这个方法比较好，2.为什么我没有想到这个方法，3.以后在哪些情况下还可以用到这样的方法。

　　数学方法更是如此，当你学到一个新的方法的时候，最好是要反复运用，比如，求最值的方法有哪些，求角度、长度的常用方法有哪些，证明垂直的方法有哪些等，这些东西一旦真的成为你自己的方法，数学能力的提高已是必然，数学成绩的飞跃指日可待。

由此可见，虽然做题要的是最后的结果对不对，但解题的整个过程也是至关重要的，不可忽视。

～ 高效锦囊 ～

做题时不要只追求结果，要仔细分析它的题目形式、答案形式，也要分析它的答案内容是怎样一步步深入的。

重视基础题目

做练习题时还有一个问题值得同学们注意：一定要重视基础题目，不要在偏题、怪题上花太多的时间。

学霸支招

（张琛）

在仔细分析了几年来的高考题之后，我发觉其中根本就没有什么偏题、怪题。有的同学抱着一种侥幸心理：我练习一下怪题或偏题，要是高考时出一道这样的题型，别人都不会而我却能做出来，那我不就占便宜了吗？

在这种侥幸心理的驱动下，有的同学舍本逐末，丢掉了课本中的基础知识而将大量的时间浪费在超纲的题目或是解题技巧十分复杂的题目上，这会造成很不好的影响：自己的思路总是求新求异，长此以往，就会陷入"钻牛角尖"的歧途。

正如张琛同学所说的，有的同学总是喜欢去钻难题、偏题、怪题，认为把这些题攻下了，其他的基础题目就会迎刃而解。事实上，只有通过做一定数目的基础题，熟悉了定义、定理、公式，掌握了解题的基本方法和技巧，才能做好难题。这恐怕就是状元与普通考生之间的一个区别所在吧。

　　理解一个概念、练习一道题，不从一个正常的角度入手，而是以比较奇怪的角度入手，在实际的考试中可能可以解开一两道解题方法特殊的题目，却很容易在大量的普通题上丢分；另一方面的影响是会使自己丧失信心。怪题和偏题都是不容易解答的，久而久之，自己就会觉得自己所有的题都解答不了，于是就觉得自己没希望了，高考没希望了。因此，对于练习题中的难题不要轻易地放弃，但是也不要在难题上"钻牛角尖"，不要在偏题、怪题上浪费时间。

高效锦囊

　　各学科的习题成千上万，都做一遍，是办不到的，所以做题应分轻重，有详有略。对于基础题、典型题要详做，从格式到步骤严格要求，做到规范化，以达到熟练、准确计算的目的。而且要总结做题的经验，从中找出规律，训练基本功。

从错题中总结规律

在做题的过程中，同学们还要养成一个好习惯：从错题中总结经验和规律。虽然说学习的知识点必须通过做习题来掌握，但这并不意味着盲目做题，而是要有针对性地做题。大量的习题能帮助你发现自己的错误。针对错题，进行滚动式的反复练习，最终一一消除这些错误。

学霸支招

（孙田宇）

在做题中，一旦发现错误，首先要做的第一步就是分析出错的原因。要尽量减少因为马虎而造成的错题，马虎是一种很不好的学习习惯，大家必须克服。一般的错题都是有一定原因的，比如说由于某个知识点没有掌握牢，或者说某个方法还不会灵活地运用。根据出错的原因，第二步要做的就是找出很多的配套练习题，进行滚动式的反复练习，把所有和它相关的题型多做几道。直到完全掌握了这种习题，包括它一般的出题方式和答题的方法，这个错题就被攻破了。

可见，做错题并不可怕，重要的是你要从错误中找到原因，总结规律。孙田宇同学举例说：

比如，教材介绍过的三余弦定理，书上有一些推导过程，结论就是一个角的余弦值等于另外两个角余弦值的乘积。刚开始学的时候觉得这个方法自己掌握了，但是后来做题还是有失误，因为没有灵活掌握。通过大量做题，我发现在老师出这方面题的时候，提问方式特别有意思，题目经常会问你某一个角的余弦值是多少，我做了很多道题都是这样的。我就总结出一个规律，在综合卷子中，一旦某道题目最后一个问题问的是某一个角的余弦值是多少，我马上就会想到三余弦定理。这样的话，相当于这类题已经在设问的时候提示你解题的方法了。

这样，通过错题分析法能总结出出题规律和答题方法，不仅是数学，这在学习别的科目上也很有帮助。

高效锦囊

准备一个错题本，将平时练习中做错的题都记在本子上。整理的每一道题包括题目以及错误的答案、正确的答案和错误原因，有必要的话还可以对正确的思路进行归纳整理。

主动寻求解题思路

在做题时，有没有一个正确的解题思路是很关键的。思路对了，那么这道题也就不难解答了。所以，同学们在做题时要积极主动地去寻求解题思路，从而培养独立的解题能力。

学霸支招

（陈敏）

在学习过程中，我曾有这样的经历，有时见到一道题目一时找不到思路，就迫不及待地去翻看答案，看答案时往往觉得答案的每一步都顺理成章，该用哪个定理，该用什么方法，非常简单，就自认为已经把题目理解透了。过几天再做这道题，还是无从下手。我觉得出现这种情况主要是因为我对这道题的接受是一个被动的过程。在这个过程中我只是机械地看到了具体解题过程，而没有真正理解解题思路。

在做题时，主动寻求解题思路与陈敏同学经历的这种被动接受的学习方法正好相反，这种方法强调从简单习题入手，因为做简单的习题会比较轻松一些，简单的习题做出来之后再由浅入深。当在练习过程中遇到了难一点的题目时，有意识强迫自己不看答案、不看书套公式、不求助于别人（这些都是被动方法），而是静下心来，积极调动自己的大脑知识库，主动寻求解题思路。这样由浅入

深地训练自己，加上对常见题型的归类分析，再见到数学、物理习题时就会在第一时间反应出该题所考查的知识点和思维方式，便会有得心应手的感觉。

陈敏同学举例说，比如数学学习中比较典型的双曲线类题目，很多同学都认为比较难，经常感觉无从下手。实际上双曲线类题目有很多比较典型的解题方法，如果见到题目能够主动思考，往往会有举一反三的效果。

∽ 高效锦囊 ∽

主动求解一道题比被动接受十道题要有效得多，老师经常鼓励尖子生多给别人讲题，这实际上是更高层次的主动学习。具体地说就是不把做出正确答案作为终点，因为要给别人讲解这道题就必须准确理解该题的解题思路、思维方法、分析过程，还要能列举出类似题型，引发更进一步的思考。这样，解题就成为一种乐趣，每落实一道习题都会有一种充实感。

关注普通解题法

解题能力是一个逐步形成的过程，没有哪位同学一下子就能成为解题高手。所以，在日常的做题练习中，要关注普通解题法，不要把问题想得太复杂了。

学霸支招

（徐语婧）

从微观上看，数学的学习就是如何解出每一道数学题。我的经验是关注通法，即关注普通解题法，有余力再掌握一些技巧。由于文科的数学题难度一般都不太大，基础题（用通法可以顺利解出的题目）占绝大多数。对于文科学生来说，老师上课的时候本身就会比较注重基础，他首先讲的可能就是通法，那么这个时候就必须把老师讲的例题记下来。通法肯定会有一个固定的解题思路，上课的时候就得领会这个解题思路，课后最好再选一些类似的题目做一做，以便熟能生巧。

为什么要关注通法呢？举个例子来说吧，解析几何对于文科学生来说，由于是数型结合的一类题目，一般同学们会觉得比较难，通常放在高考题最后一题或者倒数第二题的位置，算是一个压轴题。这类解析几何题的通法就是把两个函数解析式联立起来解，虽然有些时候可能计算会比较麻烦，但是都能做得出来。这类题估计可能得有10分的分值，用通法一般同学都能够拿下，如果过于关注技巧，对有些题目就不适用了。

对此，徐语婧同学说，其实以前我的数学也不是非常好，我总结每次考试的经验，发现考得不好的时候不是因为那些难题做得不好，而是因为前面基础题错得比较多，导致分数比较低。所以我想应该重视基础，于是总结出了这个普通解题法。就高考的试卷来看，它的基础分可能会占百分之七八十。如果你用普通解题法把基础题掌握了，一般取得中等成绩肯定是没问题的。你在掌握基础题的基础上，肯定能够活学活用，能够有所创新，再能拿到一些难题的分数，就能够获得比较理想的成绩了。

高效锦囊

其实解普通的题目也有多种方法，有通法，还有一些带有技巧性的方法。对于文科学生来说，通法更加重要一些，因为它能解答这一类型的所有题目，所以更实用。

提高综合解题能力

现在，大多数学校在学完某一章节或某几个章节后，都会有一次随堂考。为什么要将这两类考题放在一起说呢？这是因为在学习过程中，章节考试得高分，综合考试却不行的现象相当普遍。要知道，考试考的就是综合能力，分开了都知道，合在一起就傻眼的做法是无法取得好成绩的。

学霸支招

（钱亮）

肯定有的同学会问，为什么这道题放在章节里做练习我是手到擒来，在综合练习里却不知从何下手了呢？有的同学在章节考试里总是高分，综合训练模拟考试时成绩却不尽如人意。这就涉及综合解题能力的问题。高考题有一大部分并不是只考单一的知识点，而是会把几个知识要点串在一起，考查你的综合能力，这就需要你在精通每个知识要点的同时，学会触类旁通，学会灵活思考，学会调兵遣将。

那么，如何才能提高"综合解题能力"呢？这里有以下两点建议。

1. 对单一知识点要非常熟

就理科而言，某一单一知识点，它的条件，它适用的范围，它会得出的结果，这些结果在什么计算中会用到，心中都要清楚。做综合题，这些单一知识点就像工具箱里零散的工具，你试解这道题，就是在不断检索哪些工具适用，如果它们分类排放，你可以信手拈来，你的检索速度就会加快；它们每一样都已磨利，综合题就会在组合工具下迎刃而解。相反，如果你调用每一个知识点或公式对你来说都像解一道难题，或者有的工具一下子找不到（在考场上紧张和暂时遗忘常会使你忘掉不熟的公式），你就只能望题兴叹了。

2. 要善于总结做过的综合题

厘清这些综合题的思路。大致的思路可用一句话来概括："问什么想什么，缺什么找什么。"顺序分3种：正推、逆推、两头推。也就是从条件入手，从结论入手，或从条件和所求同时入手。

高效锦囊

同学们的习题训练应有一个完整的系统，不仅要求对本学科各学习阶段的习题训练内容能统筹安排，而且应根据教材及知识与能力训练的要求，将不同内容、不同知识层次、不同个性的习题分门别类，有计划地安排在不同的学习阶段进行系统化的训练。

语文"五个一"学习法

1.每人准备一本字典式词典

俗话说："字典是不说话的老师。"这位不说话的老师随时教你拼音、识义、辨别字形，学会查字典、经常利用字典，对同学们的语文学习会很有帮助的。

2.订一种报纸或杂志

订一种报纸或杂志，对培养同学们学习语文的兴趣大有益处。比如一些办得好的报刊大多有针对性，而且融知识性、趣味性于一体，文章活泼而又风趣，信息量大，很受欢迎。

3.每学期读一部中外文学名著

名著作为中外文化的精华，无论是内容还是其表现手法，都远远超出通俗小说。比如我国的《红楼梦》《西游记》，外国的《堂吉诃德》《鲁滨孙漂流记》，其鲜明的人物形象、丰富的想象，令人过目难忘。

4.每天读一篇好文章或一首小诗

古今中外，名篇佳作，数不胜数。只要有毅力，愿意读，好文章或精美小诗尽可大量阅读。关键是贵在坚持。

5.准备一本课外笔记本

除了课堂笔记本外，每人还要准备一本课外笔记本。专记在课外阅读的精妙格言、警句，有启发意义的段落，有韵味的小诗及自己的心得、体会。

第九章

学会合作：养成共同学习的习惯

　　在日常学习中，有些学生喜欢单兵作战，只关注自己不观察别人，不会从别人身上汲取经验。主要表现在：在学习中不善交流，不懂得借鉴其他同学的优点和经验；学习中遇到困难不善于寻求帮助，总是自己钻牛角尖。要知道，每个人身上都有优点，尤其是一些优等生，我们要学会从他们身上汲取营养，吸收经验，从而达到事半功倍的效果。

合作交流才能共同提高

我们在平时的学习中，一定要养成多与同学合作交流的习惯，以此来共同提高我们的学习成绩。

学霸支招

（陈雅雯）

孔子曾说过"三人行必有我师"，《礼记·学记》也说"独学无友，则孤陋而寡闻"。所以，如果能在学习过程中经常与同学和朋友交流合作，对自己的学习将会有很大的帮助。而且随着社会的发展，现在的人们越来越强调合作的重要性，一个人不可能掌握全部的知识，只有通过合作才能实现共赢。

同学们在一起的时候，为了加强合作、交流，调动学习气氛，提高学习效率，可以利用以下几种方式。

1. 讨论难题

一个人自学，疑点难点一时不容易弄明白，往往难于打开思路。如果几个同学在一起，相互讨论，各抒己见，就容易得到满意的答案。

2. 上台讲课

如果几个人一起，一个人像老师一样走上讲台，讲授学习内容，其他同学边检查边补充，这样就能有效而全面地掌握学习内容，因为听一遍或读一遍，一个月之后就可能忘记，如果教人一遍，便终生难忘。

3. 对答记忆

在学习过程中，你可以通过自己反复听、反复读、反复写等方法进行记忆，但一个人单独记忆时难免会感到枯燥，容易抑制思维。一种好的记忆方法是，几个同学一起记忆，彼此提问，互相回答，一个人回答不出来，其他人可以提示，而且几个同学之间还带有竞争，这样就能刺激你的思维，提高记忆效果。

～ 高效锦囊 ～

几个同学在一起，开展学习会、讨论会，进行数学游戏、诗歌对答，表演外语、口语、戏剧等，不但非常有趣，而且可以加深我们对知识的理解和掌握程度。

以平常心对待竞争

合作与竞争是相辅相成的，只有把两者有机地结合起来，在"比、学、赶、帮、超"的氛围中，竞争双方的学习成绩才能得到最大程度的提高。

学霸支招

（黄晨笛）

竞争无处不在，我们在学习中也充满了竞争，它就像把"双刃剑"，用好了利人利己，可以大大促进自己的学习；用不好则会误人误己，不仅会阻碍自己的学习，还会影响到同学之间的感情。因此，对于竞争我们要有一个清醒的认识。

在一个班级里，学习成绩、文体比赛、劳动竞赛，甚至课余爱好，都会使同学之间产生竞争。但是，在学生的心目中，最普通也最"残酷"的还是学习成绩上的竞争，也就是在考试分数上比高低。

本来如果把竞争发挥好了，的确是一件很有益的事，但有些同学为了实现这一目标，使用的却是消极竞争的策略。比如，有的同学为了麻痹自己的竞争对手，就在班里故意不学习，装出一副很轻松的样子，但是回家后却加班加点"开夜车"；有的同学把学习上的竞争泛化到与同学的一般交往上，不仅在心理上忌妒对方，而且会表现出轻视对方的各种言行，甚至有时会在背后诋毁别人。

这种消极竞争的做法，其实是一种心胸狭窄、不会学习的表现，是我们学习路上的"拦路虎"。它不仅使我们无法获得真正的友谊，而且无法吸收、借鉴别人的长处，另外，它还会影响我们的身心健康。

高效锦囊

积极的竞争应是在一种友好的氛围中进行的，它能够实现自己和同学成绩的共同提高，而不是自己成绩上去了，却把同学踩下来。因此，会学习的同学必须彻底抛弃这种狭隘的消极竞争，学会积极竞争。

用积极的竞争促进学习

对待同学之间竞争的正确态度应该是：既不回避竞争，也不盲目竞争——竞争的目的不是压低别的同学，而是提高你自己。

学霸支招

（王佳楠）

在我看来，同学之间的合作与竞争是相辅相成的，只有把两者有机地结合起来，在"比、学、赶、帮、超"的氛围中，竞争双方的学习成绩才能得到最大限度的提高。因此，具体到自己的学习中，一方面是努力超过对方；另一方面也要和同学友好相处，你有问题可以诚心地问他，他有问题来问你的时候，你也应该认真给予帮助，如果两人都不能解决，可以一起共同研讨。

1. 借助竞争激发潜力

在竞争的条件下，人们的自尊需要和自我实现的需要更为强烈，对于竞争活动会产生更加浓厚的兴趣，克服困难的意志更加坚定，争取优胜的信念也更加强烈。我们要从主观上认识到这些，树立起一种积极的心态，为了取得竞赛的优势，全力以赴，充分发挥自己的能量与创造性。

2. 找到适合自己的目标

竞争的目标应该是有层次的、多样化的，如果只盯住顶尖的位置，或者只在自己不擅长的方面与人争锋，势必经常遭受挫折和失败，易使人产生挫折感、失败感与自卑感。所以，我们应根据自己的实际情况，找到适合自己的目标。这个目标不是唾手可得的，需要我们付出努力，但又不是可望而不可即的。

3. 学会与自己竞争

从前的你和现在的你肯定不一样，你的将来也不会和现在一样。因此要学会对自己做纵向比较，看自己哪些方面进步了，还能取得什么进步，这也是一种竞争。而且，这种竞争有助于你正确看待同学之间的竞争。

4. 抱着合作的态度参与竞争

这才是真正的明智之举，不仅获得了竞争的动力，而且避免了对同学采取忌妒、贬低和仇视的态度，有助于维护同学间的友爱关系及集体精神。

高效锦囊

当竞争过频或过强，就容易产生紧张、忧虑、自卑等消极的情绪体验，不利于自己的身心健康。如果出现这样的情况，可以通过适当降低竞争目标、改变竞争对手、转移竞争取向等措施，及时地加以调整，以消除过大的心理压力。

不要让自己骄傲

当今社会对中学生的要求是，要想成就事业，就必须首先学会做人。因此我们应从小培养谦逊的品格，使自己形成戒骄戒躁的良好习惯。

学霸支招

（刘静瑜）

有些同学不能正确对待荣誉与成绩，有的拔尖逞能，有的盲目自满，有的沾沾自喜，有的把集体的成绩看成个人的，有的瞧不起同学，等等。这些骄傲自大的不良习惯，最终会影响自己的不断进步，甚至会使自己脱离同学，脱离集体，失去目标，成为一个自私自利的人。

那么，怎样培养谦虚的品格呢？

1. 认识骄傲的危害

盲目骄傲自大的人就像井底之蛙，视野狭窄，自以为是，严重阻碍了自己继续前进的步伐。科学家巴甫洛夫在《给青年人的一封信》中这样写道："切勿让骄傲支配了你们。由于骄傲，你们会在应该统一的场合固执起来。由于骄傲，你们会拒绝有益的劝告和友好的帮助。而且由于骄傲，你们会失掉客观的标准。"

2. 全面认识自己

骄傲的产生往往源于自己的某方面特长和优势，应该先分析产生骄傲的原因：是学习成绩比较好、有某方面的艺术潜质，还是有运动天赋，等等。然后应认识到，自己身上的这种优势只不过限定在一个很小的范围内，放在一个更大范围就会失去这种优势；正确的态度应该是积极进取，而不是骄傲懈怠；并且优势往往是和不足并存的，同时应该努力弥补自己的不足。

当我们取得了一定的成绩，也确实是自己努力的结果，但是仍然不要忘记这里也包含着家长的培养、老师的教诲和同学的帮助。

3. 正确面对批评和建议

正确面对批评和建议是终身的学问。骄傲自满往往也和不能很好地处理别人的批评和建议有关。

批评往往直指一个人的缺点，如果一个人能够接受批评，他就能够比较清楚地看到自己的缺点。对于我们来说，在评价自己时常会出现偏差，原因是"不识庐山真面目，只缘身在此山中"，若能经常听取别人的意见或建议，就能不断充实和完善自己。

高效锦囊

不正确的比较往往也容易滋长骄傲情绪。在班集体中，若以己之长与别人之短相比较，这样比较的结果，自然容易沾沾自喜，自以为什么地方都比别人强，因而看不起别人。应该开阔胸怀，走出自我的狭小圈子，到更广阔的地方走走，陶冶情操，了解更多的历史名人的成就和才能，以丰富的知识充实头脑，变骄傲为动力。

一举两得的"讲题"复习法

在学习中，有些同学非常不情愿给别的同学讲题，认为这会浪费自己的时间，其实，在你帮助了别人的同时，你同样也得到了复习的机会，这是一举两得的好事。

学霸支招

（马强）

自习课上给大家讲讲题，解决一些大家疑难的问题，然后讲一讲我自己做题的思路，大家可以互相借鉴一下，同学们互相讨论一下，然后得出结论。高中三年我觉得这是我干得比较成功的一件事。首先是在讲题、做题的过程中，我自己有一种收获，我可以发现自己做题过程中有哪些漏洞。有时候我讲题，讲着讲着突然一个坎我讲不下去了，我做不下去了，到这里卡住了，我就会和大家探讨这道题怎么回事，为什么会出现这种情况，我哪错了。然后检查上面几步，大家有没有什么好的思路，好的方法。这样的话，大家互通有无，共同进步。其次这也锻炼了我的表达能力，因为我要把我心中想的问题，我要把这道题我是怎么做的表达出来，而且要为大家考虑，照顾到大家能不能听明白我在说什么，所以也很锻炼我的表达能力。

　　有部分成绩较好的同学不喜欢回答一些学习差的同学提出的问题，认为那些东西太简单，太幼稚，实在是浪费自己的时间，或者觉得那些学习差的同学智商太低，给他们讲题一遍听不懂两遍还听不懂，太消耗精力。实则不然，通常一些学习成绩较好的同学都致力于有难度的题目的攻克，而忽视了基础的积累，往往会造成空中楼阁之势，多回答一些较为基础的题目，反而是重新巩固自己基础的一个好的途径，既不需要再抽出大块的时间去复习那些基础而枯燥的理论，又帮助了其他同学，一举两得，何乐而不为呢？

　　记住，收起私心，给别人讲题不但不是浪费时间，反而是自己在无形中的又一次复习。

高效锦囊

　　知识是可以共享的，我把我的方法讲给你，我把你的方法学过来，这样我们就有了两种方法，总比只有一种方法思路要开阔多了。私心，只会阻碍自己进步。

小组合作观察记录表

观察小组	第　小组		合作次数			时间		
小组活动情况	发言次数	参与状态	是否明确要求	是否专注倾听	是否独立思考	互助合作意识		
						强	较强	一般
组员1								
组员2								
组员3								
组员4								
组员5								
组员6								
组员7								
组员8								
组员9								
组员10								
观察分析								
改进意见								

第十章

激发动力：养成热爱学习的习惯

  有些学生对学习缺乏热情和动力，似乎只是为了家长和老师而学习，对学习怎么也提不起兴趣。主要表现在：学习只是为了完成父母和老师的任务，缺乏学习的主动性；认为学习是一种负担，厌学情绪严重；以沉闷单调的心情学习，越学越感到枯燥无味。这些学生需要激发自己的学习动力，保持对学习的兴趣以及拥有能成为学习高手的信心。

有了目标，学习便有了方向

能够在学习中有一个清晰的目标，并为实现这个目标而学习的时候，学习就不再是讨厌的、与自己的人生无关的负担了。

学霸支招

（陈平安）

我们在做任何事情时都应该有目的性，无论这一目的是多么具体或者多么抽象。学习也不例外，必须学会为我们的学习设立一个适当的目标。唯有如此，我们才能取得更大的进步。也就是说，要想有效提高自己的成绩，一定要设定一个适当的目标，所谓适当，是指这个目标不能太高也不能太低，要符合自己的实际情况。如果目标定得太高，会使你因为达不到目标而失去信心，导致成绩下滑。

举个简单的例子，有一个同学，平时各科成绩只在七八十分之间，期末考试之前他竟满怀激情地一下子将目标定为各科成绩都要达到95分以上。这个目标显然是脱离实际的，即使他在临考前昼夜不息地拼命学习，实现目标的可能性也不大。而目标定得过低，也是不行的，比如，一个平时各科成绩都在90分以上的同学，而期末考试成绩却只要求达到90分即可，这个目标显然又太保守了，这样的目标就产生不了激励作用和推动作用，就失去了定目标的意义。

适合自己的学习目标该如何确立呢？一般来讲，目标的确立应当符合以下几个原则。

1.目标必须是你自己独立确定而不受外界各种压力的干扰和左右的

有一位同学，高中时本来在学校里的理科试验班，后来，她总觉得这并不是自己的兴趣和目标所在。到了高三，她顶着巨大的压力，毅然决然地由理科改为文科。学习自己擅长和喜欢的东西，总是轻松和快乐的。事实证明了她选择的正确性，在高考中，她以优异的成绩考取了北京大学。

2.目标必须是自己能够达到的，不可过高或过低，应由自己的兴趣与实力来决定

目标也不一定是一成不变的，它可以随着自己实力的变化而变化，无须过高，也不能过低，跳一跳，够得着，即可。不要提出力所不能及的目标，比如说，在高三下学期开学后模拟考试成绩是500分，提出一个月后大考的成绩要达到600分，那是很难的，在某种意义上说，这就是力所不能及的目标，很容易挫伤学习信心和积极性。

高效锦囊

要根据自己的情况提出经过努力有可能达到的目标，这样才会给自己动力，使自己学习更加积极。

将大目标分解为小目标

在学习中，如果你的目标过大，长时间不能实现，往往会产生懈怠心理。因此，就需要运用目标分解法，将大目标分解为一个又一个的小目标，去逐一实现。

学霸支招

（赵经纬）

运用目标分解法，可以将一个大目标，分为具体的阶段性目标。如，把长期目标，分解为一个个的中期目标；把中期目标，分解为一个个的短期目标；把短期目标，分解为月、周、天、小时、分钟的具体任务。无论你的目标有多远，都不用担心，当你把任何一个目标分解成具体的小目标之后，集中精力一个一个地实现，这样，目标的实现就变得容易多了。

具体分解方法是：先把人生终极目标，分解为一个一个的长期目标；再把长期目标分解为一个一个的中期目标；再把中期目标，分解为一个一个的短期目标；再把短期目标分解为一天一天的具体目标。这样一个阶段、一个阶段地去做，一个目标、一个目标地去实现，一点一点地去突破，就可以看到自己每个阶段、每一天的进步，能够及时地、不断地感受到成功的喜悦，增强成功的信心与勇气，从而产生实现下一个目标的动力。

　　将大目标分解为一个个阶段性的小目标，可以使目标更加具体化，你就能清楚地看到当前应该做什么，怎样才会做得更好。这可以使你漫长的学习生活变得有目标、有次序、有系统、有节奏，使繁重的任务变得轻松起来，从而在不知不觉中提高学习成绩。

～ 高效锦囊 ～

在学习中，一节课、一天、一个月……都要有相应的目标，例如：

1. 我这一节课必须掌握哪些知识？

2. 我这一天的复习要包括哪些内容？

3. 我这一个月的学习要达到什么效果？

发现学习的乐趣所在

只有当你对学习有浓厚的兴趣，才会有强烈的动力，才会全身心地投入学习中去。兴趣可以形成爱好，爱好可以发展为专长。当兴趣转化为旺盛的、长期持久的求知欲望时，就能够使学习获得巨大成功。

学霸支招

（孙铮）

兴趣使我在高考中取得了优秀成绩。初中时我学习英语的条件很艰苦，可我从没感到枯燥，从不感到累。我动用了当时可以利用的一切资源：书籍，电视，网络。我用的是父亲大学时的英语课本，因为父亲是学工科的，所以课本里有许多科普文章，读起来很有意思；有些电视教学节目前后内容有连续性，我就把它当成电视剧来看。

确实如此，学习兴趣促进了学习成功，学习上的成功又会提高学习兴趣，这是良性循环；反之，对学习厌腻，学习必然失败，学习失败又加重学习上的厌腻感，形成恶性循环。我们在这里有必要讨论如何打破这种怪圈，培养良好的学习兴趣，让学习形成良性循环。

那么，中学生如何才能培养起自己的学习兴趣呢？

1. 从日常生活中发现学习的兴趣

我们之所以认为学习枯燥，是因为我们主观地把学习和生活割裂开了。如果我们做到"从生活到知识"，从生活中发现知识的作用，那么枯燥的知识也会变得生动起来，我们也就会对学习产生浓厚的兴趣。

2. 从自身的性格发现学习的乐趣

每个人的性格和喜好不同，对各种知识的态度也就不同。我们就要充分尊重自己的选择，在这些自己喜欢的学科上尽情地施展自己的天分，但是不要完全放弃自己不太感兴趣的科目，也不要因为这些科目影响了自己的升学。

3. 努力消除厌学情绪

凡事都要去尝试一下，不要因为自己不感兴趣就不去做，试着找寻一下兴趣，就像挖宝藏一样，说不定你慢慢就会喜欢上了。不要一味地迁就自己，努力消除自己的消极情绪，把学习当成一件快乐的事情。

高效锦囊

根据哈佛大学的有关研究，如果一个人对他所学习的科目有兴趣，那么，他的学习积极性就非常高，就能发挥他全部力量的70%~80%；反之，积极性就会很低，只能发挥他全部力量的20%~30%。

好奇心是学习的动力之源

有人在评价诺贝尔奖时曾说："诺贝尔是对人类好奇心的最好奖励！"如果缺乏好奇心，知识的学习和创新几乎不可能。

学霸支招

（徐晗）

我曾经观摩过一堂美国学校的人体骨骼课，发现他们非常善于激发学生的好奇心。

老师首先问同学们："人为什么会站？为什么会动？"同学们叽叽喳喳地开始讨论。老师又说，你们摸摸自己的骨头是什么样，把它们画出来，再给大家讲。接下来的时间里，同学们画出了各式各样的人骨头：有的画得像棍子，他们说这是胳膊；有的像一个圆球，他们说那是脑袋。老师把他们的画挂在教室里，让每个人都说出自己的想法，大家一起讨论。最后，老师才带他们去看X光机映出的人体骨骼。"喔，原来骨头是这样啊！"

我们看到，整个学习就是激发好奇心，并让好奇心的力量不断发挥的过程。正是好奇心的充分发挥，使孩子的探索精神发挥到极致，探索精神又使孩子对知识的掌握更加极致。

好奇心意味着什么？好奇心是学习的起点，是学习的活力之源。任何学习都源自好奇心，就像电灯的开关，你将开关摁到"开"的位置，灯立刻就会发出光亮。好奇心也就像学习这架机器的开关，如果好奇心的开关没打开，学习的机器就不可能运转。正是好奇心的开关，保证了孩子学习的热情。

为了唤醒好奇心并使它时刻保持觉醒状态，你可以试试下面这些事情。

坚持写日记。这可以使你每天都关注你的好奇心，关注一切令人吃惊的事，关注好想法及新发现。你要立刻捉牢它们，并花工夫记录下来并进行反思。

你应该经常地问自己：为什么？什么事？谁？多少？在哪里？会怎么样？这些疑问一旦出现，就马上开始研究，直到找到一个令你满意的答案。

高效锦囊

我们的老师、家长都希望孩子进入主动学习的状态，为此不知想了多少办法。其实，激发好奇心就是让孩子主动学习的起点。

把学习兴趣保持下去

如果你能从学习中体会到乐趣，自然就感觉到这是一件快乐的事情，如果能将这种兴趣持续保持下去，学习起来也就更有动力了。

学霸支招

（陈诗玥）

其实很多学生培养学习兴趣很容易，但能把这种兴趣保持下去却很难。因为，重复而单纯的学习是容易使人疲惫的。一个人在学习过程中也会遇到各种各样的问题，这些问题难免使人灰心丧气，头昏脑胀，学习效率降低。所以，学习中一个必要的环节就是为自己找新的刺激因素，保持自己的学习兴趣。

那么，如何保持自己的学习兴趣呢？

1. 新鲜的刺激比重复的刺激更容易使人兴奋

要不断提出新问题，或者不断显露出问题的某个新方面。这会使自己受到新鲜的刺激，从而使兴趣油然而生。

2. 生动形象的东西比平淡、抽象的有趣

当遇到平淡无味而又必须学习的东西时，如果把它们与生动活

泼的学习形式相结合，则能提高学习的兴趣。现在，一些中小学校在教孩子们外语时从唱外语歌、听外语唱片开始，往往能收到很好的效果。

3. 真实的东西比虚假、遥远的东西有趣

曾经有一些学生利用录音机把书本内容转变成自己的声音，以提高学习兴趣。特别是有些书刊内容繁杂，或已看过多遍还是懵懵懂懂，再也提不起兴趣。此时可以改用朗读一遍并加以录音的方法，这样便把原来"要看的"变为"能听的"，而且是自己的声音，当然会有新鲜、亲切的感觉，学习兴趣自然而然就提高了。

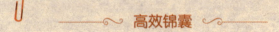

高效锦囊

学习的目的是应用。当自己要学的科目很多或者想看什么书难以决定时，从自己最需要的地方下手，兴趣很快就会培养起来。

用自己喜欢的方式学习

如果我们能在学校里用自己喜欢的方式学习，那么不但可以在学习期间有愉快的心情，而且可能对学习产生浓厚的兴趣，越来越喜欢学习。这正是我们每位同学所希望的。

学霸支招

（韩阳阳）

学习最重要的技巧，是善于利用自己最喜欢的方式。如果你只知道循规蹈矩、按部就班地照着那些所谓的"最好的"学习方法来学习，效果可能会更差。同时，我们在平时的学习中也不要总是一味地寻求最好的学习方式，只要你喜欢的就是最好的。如果你喜欢看电影、电视，就从影像资料中学习；你喜欢看报纸杂志，那就从阅读中学习，但必须牢记一条：这种办法一定要和自己所学的课程有机地联系起来。

无论生活常识还是心理学研究都告诉我们，如果长时间做自己不喜欢做的事，往往会感到压抑和不快，甚至会越来越讨厌所做的事。相反，如果是做自己喜欢的事，则不仅会在当时感觉愉快、舒心，而且会越来越喜欢做这样的事。

学习也是如此，为此，我们每个人要了解自己的学习方式。其实，我们每个同学都有自己独特的学习方式，这种方式能使我们学得更快更好。有些同学在比较自由的情形下更容易获得最佳学习效果，他们不喜欢墨守成规，需要多一些自由选择的机会，如自己决定学什么、从哪儿开始学等。而另一些同学在按部就班的情形下学习效果最好，他们需要老师或家长告诉他每一步该怎么做。

我们也往往会有这样的发现：有些同学用这一种方法会学得更好，有些同学则用另外一种方法会学得好一些；有些同学喜欢独自一个人阅读，有些同学则在群体中会学得更好，有些同学喜欢坐在椅子上学习，有些同学则喜欢躺在床上或地板上学习。

这些学习方式中，哪一个才是最好的呢？答案不是绝对的，只要是你最喜欢、最适应的，就是最好的。学习是个人行为，必须采用自己喜欢的方式进行。

高效锦囊

学习应该是件快乐的事，我们不能因为别的一些桎梏而影响了我们的学习。我们应以一种快乐而轻松的心主动寻找一种自己最喜欢也最适合自己的学习方式来学习。唯有如此，我们才会对学习更有兴趣，学习效率也才会更高。

在学习中保持心情愉快与轻松

心情能够制约学习的效果，如果能够有效地控制自己的心情，始终保持愉快和轻松，你就能使自己的大脑处于最佳的学习状态。

学霸支招

（闵新宇）

当你心情愉快的时候，你的大脑就处于最佳的学习状态。我们都有这样的体会：自己很不幸生病了，如果是一个人孤零零地待在床上，只会让病情加重，要是和朋友、亲人在一起，顿时就会感觉病痛好像减轻了许多；当自己心情欠佳、烦躁不安时，再好的美味也引不起食欲，而当心情愉悦时，哪怕是一顿普通的快餐，也会吃得非常愉快。

学习也一样，心情愉快时，学什么都不感觉困难，都很乐意去学习，效果自然不错。心情不好时，就很难学得进去，看了半天也不知道自己学了什么，效果自然很差。

我们要始终保持愉快的心情，不随便让自己的情绪受到影响。需要你在刚开始学习时，就不把它当作一件枯燥乏味的事。事实上，一开始你认定的好与坏，并不一定是客观的。要知道苹果好不好吃，不能单凭主观印象，而应耐着性子去细细品尝，尝出了味道，你就会觉得很好吃。

学习也是如此，一开始背英文单词，也许你会觉得枯燥乏味，但是坚持下去，当你能试着把课本上的英文翻译成中文，或结结巴巴地用英语同外国朋友对话时，你再学习英文，我想一定会有一个好心情。我们把这种方法叫作"展开学习"法，它有两层意思。一是纵向，即在原来的科目中深入学习，比如多看些和该科目有关的课外读物；一是横向，即把所学多科的知识有机地联系起来，比如用学到的数学知识去解答物理、化学题等。

这种方法能帮助你深入地学习，这是一件无与伦比的乐事，会让你在学习中一直保持愉快的心情。

∽ 高效锦囊 ∽

心情能影响学习效果。谁能够有效地控制住自己的心情，始终保持愉快轻松的状态，谁就能取得更好的学习效果。这就需要你能很好地控制和调节自己的情绪，从而使自己始终处于最佳学习状态。

177

如何应对不喜欢的科目

在学习中，免不了要遇到你不喜欢学的科目，在面对那些你原本就讨厌的东西时，有些人往往选择了逃避，但长此以往，必定严重影响你的学习。但如果让你勉强去学习那些你不喜欢的科目，学习效果也一定会大打折扣。

学霸支招

（卞宸）

面对不喜欢的科目时，你可以用"自我奖励"法予以暗示：如果我读完了这本书，或掌握了这门功课的某一部分，确实证明已经学到了东西后，我就可以去学自己喜欢的科目了。

在运用这种学习方法的过程中，最重要的是要巧妙地控制好自己。刚开始时可能会感到不适应，过些日子后就会发现自己有了奇特的转变，再学那些原来并不喜欢的科目时，似乎觉得也没那么难了。

在学习中，你经常会有这种感受，学得越顺利，心情就越愉快，学习效果也就越好。反之则效果就越差。由于你前面已经学过的知识比较熟悉，学习起来当然要比后面没有学过的容易。所以，重新复习，不仅能帮助你加深印象，使学到的知识得到巩固，还可以让你从中获得启示，为解决后面遇到的难题打开一条思路。当你在学习中遇到困难而感到烦躁时，不妨回过头来再去复习一下已经学过的内容，这样可以帮助你抛开烦躁的坏情绪。

当你学习到一定程度时，也许就会感到疲倦、消沉，进度减慢，效果变差，不管你如何努力，都感到力不从心，你的学习处于一种停滞的状态。这种状态在心理学上被称为"学习的高原时期"，或"学习消沉期"，这是每个人都会遇到的。在这个阶段，往往容易使自己对学习丧失信心，甚至在情绪上产生大幅度的波动。遇到这种情况时，你不必大惊小怪，可以采用满不在乎的态度，仍像以前一样继续努力。要相信，这种状态是暂时的，到了一定程度是会有转机的。

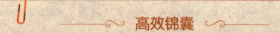

高效锦囊

在学习的过程中，你一定要牢记，只有保持愉快的心情，才能达到最佳的学习状态，也就能取得最好的学习效果。要知道，学习其实是一件非常轻松的事，快乐是知识带给我们的礼物。

相信自己能够成为优等生

只要努力和方法得当，每个人都能成为优等生，不要轻易把自己归为"差生"的行列，恢复自己的信心是提高成绩的前提。

学霸支招

（曾琪琪）

很多成绩不理想的同学喜欢抱怨自己在学习上的"先天不足"，认为自己"不行"。这种不自信的态度是学习中最大的禁忌。它会使你难以经受住学习中的挫折。哪怕是一个小小的难题，再加上不自信，就可能使你从此放弃这门课。所以，一定要相信自己。这并不意味着要自诩为天才，而是意味着相信以自己的能力对付区区几门功课是足够的。偶尔遇到困难，也要告诉自己：这只是因为自己的聪明才智还没有得到充分的发挥，而只要动动脑筋、多做练习，困难就一定能被征服。

也就是说，在学习中，你也不要有什么"优等生"和"差生"的分别，那些所谓的"差生"，只不过是在学习中暂时遇到了一些困难，只要自己不放弃，就一定能取得成功。其实，任何人都不可能在学习中永远都顺利，如果缺乏乐观自信的心态和从失败中振作起来的勇气，就不可能有所作为。

中学生正处于人生的黄金时期，人生的道路刚刚从我们脚下开始。原本失去了学习自信心或自信心不强的同学，应当从现在开始，就去找回原本属于自己的学习自信心。这样才能取得好的成绩。

自信心不足的中学生可用暗示法来增强自信，要经常对自己说"我能行""我能胜任""我很聪明"等自我鼓励的话，而少说或不要说"我不行""很难完成""学不会"等一类的泄气话。同样的事实，要用肯定的语气，如遇到一道难题，要对自己说，"这道题是很难，但是我能做出来"，而不要说"这道题这么难，我能做出来吗？"通常两者所带来的效果是完全不同的。

高效锦囊

班级讨论时要主动发言，不要顾忌太多，力争引起他人的注意，争取讲话的机会，发言的机会越多，就会让人越发感到自信。